子どもの疑問を大切に

大前孝夫

考える力・探究心・対話する力を培う

丸善プラネット

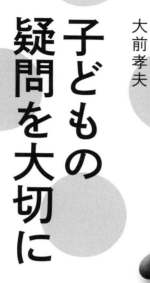

まえがき

本書は、「子どもの疑問」を大切にしてほしいという願いから書き著したものである。もちろん、子どもの疑問を大切にしている方は数知れずおられるだろう。子どもの疑問を大切にしている学校も数知れずあることだろうと思う。だが、多くの教師や親は子どもの疑問を大切にしていないように思えて仕方がない。

平成二十六年度の報告（「児童・生徒の問題行動等調査」文部科学省）で、平成二十五年全国の小学校で起こった小学生の暴力行為がはじめて、一万件を超えたと記されている。児童虐待事件も後を絶たない。いじめによる自殺も終止符を打つことなく続いている。もちろん、さまざまな要因によって引き起こされているとは思うが、子どもたちの思いに耳を傾けているのだろうか。子どもたちの学習意欲は依然として、問題があると指摘されている。子どもたちに自立への支援ができているのだろうか。子どもたちに考える力が付いているのだろうか。大学では、学生の主体性ということが大きな課題として提示されている。

日本は、依然として、トップ・ダウン方式による考え方が根強いのであろうか。命令に従っておればよいという考え方が根底にあるのだろうか。日本人が、国際社会の中で、自由に自分の思いを積極的に発言したり質問したりしないといわれるのも、このことを象徴しているように思う。

恥ずかしさ故に発言しないというのも文化的な背景があるが、それ以上に、子どもの疑問が大切にされてこなかったことに大きな要因があるように思う。

学校でも家庭でも子どもの疑問を大切にしてほしいと願う。その子から出てくる疑問を大切にしてほしい。その子のもっている疑問を大切にしてほしい。常に教師や親は自分を絶対化すべきではない。常に子どもの疑問に耳を傾けていく姿勢を保持してほしい。子どもたちに自分の疑問（納得できないこと）を発言できる環境にさえあれば、少しは社会が変わっていく。子どもたちは周りのさまざまな事象に問題意識を持って見つめることになるからである。子どもたち一人一人は以前よりも増して、自分をよく見つめたり、考えて行動せざるを得なくなるであろう。

しかも、これからは、さらに世界がグローバル化されていく時代である。一人一人が自己を確立し、自分の意見をしっかり発言していく力が要求される。質の高いものを求め、人と話し合う力が要求される。そのためには、すぐに諦めず粘り強く考え、よりよいものを求めていく姿勢が重要である。さまざまな情報を取捨選択し、人の意見に耳を傾けながら自分の課題を見据え、常に自分から進んで行動していく力が重要である。待ちの姿勢では困る。だからこそ、まず、その子のもっている疑問を大切にしてほしい。疑問を大切にすると、「考える力」の育成にもつながるし、主体的な活動にもつながる。

だが、このように言うと、次のような言葉を何度か耳にした。「質問のできる子は優秀な子に限られる」「学力の低い子は疑問が出せない」「学習の効率化のためには、子どもの疑問を無視せざるを得ない」「そんなことを考える時間がない」「学習内容が多いので、知識を注入していかざるを得ない」「そんなことをしていると、かえって子どもを混乱させてしまう」「まず、子どもにきちんと教えてからの話である」さらには、「子どもは何も分かっていないんだから、繰り返し教えなければならない」という言葉である。

もちろん、教師も親も忙しいのは事実である。教えるべき内容も多くあることも確かであろう。だが、子どもたちに「考える力」や「発言力」等がまだまだ身に付いていないという事実にも真摯に受け止めてほしい。さらに、学習に対する意欲も成長するにつれて低下しているのが実状である。これは、最近の調査結果（第二回「子ども生活実態基本調査報告書」二〇〇九）からも明らかである。

「知識」を教えるだけではなく、「態度」「能力」の側面もきちんと育てていくべきである。「態度」「能力」が付いてくれば、自ずと成長していく。「知識」だけ身に付けても、「態度」「能力」が育っていなければ、子どもは成長しない。ここでいう態度とは、自分なりの目標を持ち自分から進んで粘り強く学習に取り組む態度である。よく考えて行動するという態度である。もちろん、能力とは、思考力（考える力）・表現力・発言力等である。

本書では、第1章1で、「子どもの疑問」を大切にすることによって、培ってほしい「考える力（能力）」「探究心（態度）」「学習意欲（態度）」そして、「対話する力（能力）」を取り上げている。「なぜ、疑問が大切なのか」という視点からそれぞれを考察している。また、第1章2で、

「子どもの疑問」を大切にすることが「信頼関係の構築」につながり、このことが「教師や親の成長」につながることを取り上げている。第2章では、「子どもの疑問」を支える要件として、教師や親の支援方法等について提示している。また、第3章では、学校や家庭での子どもたちが自分たちの疑問をどのように解決しているのか、追究しているのか等を具体的に分かるように私の授業実践をもとに提示した。もちろん、まだまだ十分ではないが、参考になればと考えている。第4章では、「子どもの疑問」が大切だと考える人たちの思いと、子どもの疑問から生まれているお話等を紹介している。最後の章は、「学校での子どもたちの疑問（第3章）」に関する資料を掲載している。

言うまでもないが、「態度」「能力」は一朝一夕に身に付くものではない。長年の教師や親の支えが必要である。簡単に諦めることがないように支援していかなければならない。だからこそなおさら、まず、「子どもの疑問」を大切にすることにより、子どもたちが自分の疑問を心置きなく表現できる環境づくりを構築してほしい。このことにより、子どもたちが考える楽しさや探究していくことの喜びを体得してくれることを心より願っている。

本書は、教師や親を対象に書いている。学校での子どもの疑問について書いている箇所が多いが、親にも疑問の重要性を認識してほしいという願いから、このような形式になったことをご理解いただきたい。

最後に、誤解がないように一言付け加えておく。ここでは、「子どもの疑問を大切にしてほしい」という願いから書いているのであって、「知識を教える」ことを決して否定するものではない。知識を教えていく際にも、質問を大切にしてほしいということである。子どもの疑問を大切にしてほしいということである。「教える」と「育てる」の両輪を大事にしてこそ、子どもは自立していく。

目　次

目　次

第1章

なぜ、疑問が大切なのか

1 「態度」「能力」の獲得

◉「考える力（能力）」を培う

子どもたちは言われたことだけをする子に育ってはいないか。言われたことをする子がよい子だと考えてはいないか。子どもが自立していくためには、言われたことをするだけでは問題がある。さまざまな問題を自分で粘り強く考え解決していく力が要求される。自分の思いや考えをきちんと発言する力が要求される。

そのために、まず、子どもたちに「考える力」を身に付けさせてほしい。そのきっかけが自分の疑問を考えることにある。自らの疑問を考えることはもう既に自立への第一歩である。もちろん、疑問以外でも考える力を身に付けることはできる。だが、自分の疑問を考えることは自分にとって、他のどんなものよりも必然性があり、解決した喜びは大きい。「疑問をもつ」というのは、本来人間に備わっているものである。小さな子どもは、両親に「なぜ」「どうして」という言葉を何度も投げかける。その問うことを大事にしてほしい。

昔から「大疑《たいぎ》は大悟《たいご》の基《もと》」という言葉がある。本当に分かるとは、納得するまで自分の疑問を出し続けることにある。疑問を解決するために予想したり、意味を根拠づけたりする。また、意味を根拠づけるために、人に尋ねたり資料等で調べたりみんなで考えたりさまざまな活動を行う。この過程が重要である。自分自身が試行錯誤しながら、自分の考えを構築していくことになる。だからこそ、疑問を大切だと考える所以である。さらに、よく考えている人は、ひらめきも浮かぶ。よく考えていないとひらめきも浮かばない。つまり、創造力を培うことができる。言うまでもないが、解決できない疑問もある。だが、さまざまな角度から模索し、よりよい答えを探っていくことが何よりも重要なことである。このことを通して、自らが進んで、身の回りにあるさまざまな事象について問題意識を持って見つめ、粘り強く考え解決する態度を身に付けてほしい。決して諦めてほしくない。

だが、子どもたちを見ていると、難しい問題に直面した時、すぐに諦めてしまうように感じられてならない。もちろん、すべての子どもに当てはまることではない。粘り強く考えている子もいる。しかし、今日の社会状況から考えても多いように思えて仕方がない。すぐに「分からない」といって考えようとしない。何か自分なりに考えることができる方法を提示しても、「面倒だ」と言ってしようともしない。言い換えれば、答えさえ分かればいいと思っている子が多いように感じられる。答えが出るまでの過程が大事にされていない。早くできればよいという風潮がある。粘り強く考える態度が軽視されているように思う。

子どもたちは楽しければするが、楽しくなければしようとしないことはないか。自分からまわりの事象に対して積極的に関わりを持って働きかけていこうとする態度に欠けることはないか。もっと「考える力」を身に付けることによって与えられる学習から自らが求める学習へと転換することを願う。そのきっかけが自分の疑問を考えることにある。

◉「探究心（態度）」を培う

今日、若者の自殺が多いと聞く。先進諸国でも特に日本は際立つといわれる。不登校の問題も後を絶たない。当然、さまざまな要因によって引き起こされているとは思うが、子どもたち一人一人が、幼い頃から自分に自信が持てる子に育てられているのだろうか。もちろん、簡単に自分に自信が付くものでもない。だが、探究心を身に付けることによって、さまざまな人や自然、そして書籍等から主体的に学び、自分自身に自信の持てる子に育ってほしい。その子には、必ず他の子にはない良さがある。その良さを発揮してほしい。もちろん、牛歩であってもよい。自分のペースで歩みを進めてほしい。

自分の分からないこと（疑問）を調べるのもよいだろう。自分の関心のあるものや気にかかることを調べるのもよいだろう。自分の自由研究として問い続けるのもよいだろう。私たちの周りには、限りない問題がある。当然、自分自身をも含めてである。さらに、分かったことから自分の課題を明確にしたり、分かったことから、さらに分からないことを調べて、より深く理解するとともに、より確かなものを求めていくことである。この一連の過程は、簡単に成立するものではない。時には自己否定し、時には挫折し解決方法を模索することになる。言い方を変えれば、分からないことから分からないことへと連続するあくなき探究である。決して一過性の考える姿勢ではなく、大きな課題に挑戦していく心である。当然、自分一人でもやり続ける意志がなければならない。だが、どんな苦難にも乗り越える力をつけてほしい。

もちろん、言うまでもないが、この一連の過程は、よりよい世の中にしていくためである。より質の高いものを求めるためである。限りない未知への探究のためである。自分自身を見つめ直すためである。自分の生き方を見つめるためである。そのために、「問いかけ（疑問）」が必要なのである。常に自問自答し、限度のない世界に常に歩んでいくのである。

ある教師が

「疑問を大切にするのは大きくなってからすればよい」

と語っているのを聞いたことがあるが、大人になってからでは遅すぎる。粘り強い探究心を培うためには、小さい子どもの頃の方がよい。大人になってからでは、「探究心」を持てといってもなかなか変わるものではない。子どもの頃に培われた精神的支柱は強靱《きょうじん》な力となる。

探究心を培うことができれば、自ずと勉強する。言われなくとも本を読む。言われなくともさまざまなことを模索し粘り強く考える。尽きることがない疑問に満たされるからである。

なお、本書で使用している「探究」「追究」「追求」の違いについて、念のため記しておく。

「探究」目的のもののあり所が不明か、その姿がはっきりしないかの場合が多い。「さぐる」「さがす」の意が加わっていることになる。本質や原因などを明らかにすることの意味。

「追究」求める目標が明確であるか、もしくは、ある程度はっきりしている。本質や原因などを明らかにすることの意味。

「追求」ある目的を達するまで追いかけ求めることの意。「探求」ははっきりしないものをさがし求める意味で、さがすことに重点がある。

〈『日本語新辞典』小学館〉

◉「学習意欲（態度）」を高める

日本では、大学に入学すると、学習意欲の乏しくなる学生が多いと聞く。大学に合格することを目標にしてきた結果なのだろうか。いや、小学校でも高学年頃から徐々にではあるが、このような傾向のある子が増えてくるように思う。『文部科学白書二〇一三』の成果指標には「児童生徒の学習意欲の向上や学習習慣の改善」と記されている。依然として改善されていない証であろう。学習する力はありながら、学習に対する意欲を失っているところに問題がある。対象になる事象に対して問題意識を持つことによって学習の面白さをつかんでほしい。自分の疑問を考えることはそのきっかけになる。

子どもたちにとって、たとえ些細《ささい》な疑問であっても自分の疑問を解決することができれば喜びになる。疑問を考えることによって学習につながりがでてくれば学習に面白味が出てくる。自分の疑問を一緒に考えてくれる人がいれば、さらに楽しくなる。疑問を解決するために体験や活動につながれば面白さとともになおさら、心に残る学習へとつながる。疑問を大切にすることが、学習を面白くする一つの要因である。学問が楽しくなっていく一つの踏み台である。子どもが自立していく大事な要素である。

「小学校で、勉強など好きになることはない」

「勉強は楽しくないのが当たり前」

と言った教師もいたが、疑問の重要性が分かっていないことから生じた悲しい事実である。教えることを中心に据えてきた教育の弊害であるかもしれない。自分の疑問を解決した経験のある子、さらに、自分の力で自分の疑問を解決したことのある子は、学習のおもしろさをつかんでいく。疑問を出すことによって、与えられる学習から自ら求める学習へと転換する。考えることのおもしろさを体得するからである。

どんな些細な疑問でもいいから一緒に考えていくべきである。子どもの疑問に対して教師や親の姿勢が真摯な態度であればあるほど、必ず、教師や親の姿勢が子どもに伝わる。もし、教師や親が分からなければ、教師や親も調べたり、人に尋ねたり考えたりしてほしい。数学者である広中平祐の母親は、子どもの疑問を共に考え、良い解答を模索している。広中平祐は、「母親が考えることの喜びを身をもって教えてくれた」と話している。この体験が多ければ多いほど、学習が好きになる。ソニーの創業者である井深大は、親の知っている知識をフル動員して大真面目に答えてやる必要があると指摘する。「子どもの〝なぜ〟を無視すると、子どもの好奇心は失われる」と語る。

教師や親が子どもの疑問を共有する限り、子どもの学習意欲は増幅する。子どもの疑問をもっと大切にしてほしい。

※「広中平祐」と「井深大」については、第4章を参照。

◉「対話する力（能力）」を培う

日本人は、対話する力に欠けるといわれる。「以心伝心」という言葉があるように、昔から「言葉で言わなくても通じる」という意識があったためであろうか。縦社会が対話する力の育成を妨げてきたのであろうか。だが、これからさらに統合化していく国際社会の中にあって、この対話する力は、ますます要求される力となっている。

その対話する上で重要なのが分からないことを尋ねる（質問する）という行為である。話を深めたり話をつなげたりする。相手を理解するために尋ねることもある。尋ねることによって相手の思いを知ることもできる。当然、人に尋ねることによって、自分の分からないことを解決できることも多いが、尋ねることによって、分かっていたと思っていたことが本当は分からないことに気づくこともある。自分を見つめ直す機会にもなる。だからこそ、疑問が重要なのである。しかも、私たちは自分の分からないことを質問することによって、さまざまな人からさまざまな情報を得ることができる。一人で情報を探していてもなかなか見つからないことが、人に尋ねることによって容易にさまざまな情報を手に入れることができる。もちろん、人に尋ねて得た情報が正しいとは限らない。しかし、さまざまな人と対話する行為は、一人の視点からではなく、さまざまな視点から問題を捉え考えることができる。

対話は、二人以上の考えが接触する場である。一人一人は自分の思いをきちんと表現することが大切である。でも、なかなか共通理解は難しい。しかし、他者から学ぼうとする姿勢がある限り、自己と他者とのずれを捉え、そのずれを質問することになる。一人一人を尊重してお互いが学ぼうとする姿勢がある限り、対話が成立する。だからこそ、対話によって得られるものは大きい。

しかしながら、私たちは日常生活において、「会話はしていても対話はしていない」ように思えてくる。もちろん、ここでいう「対話」とは、二人以上の人物間の思考の交流をいう。学校では、教師と子どもの間で子ども同士の間で、きちんと対話が成立していないように思えて仕方がない。確かに対話は難しいかもしれない。だが、たとえ難しいことであっても子どもたちの対話する力を育てていかなければならないのは当然のことである。

家庭では、家族の対話ができているのだろうか。子どもを一人の人間として認め、平等な立場での対話である。子どもたちの家庭の状況から判断すると、親との対話ができている家庭は少ない気がする。子どもたちは習い事で忙しい。もちろん、親も忙しい。

学校でも家庭でも十分に行えていないとすれば、子どもたちの対話する力はどこで育つのだろうか。だからこそ、子どもたちの何気ない質問を、まず大切にしてほしい。ここには、対話が成立していく素地がある。対話する力を培えば学ぶ力にもつながる。考えざるを得ないからである。まさに、生活に根ざす学びの場なのである。

2 信頼関係の構築と自己の成長

◉よりよい人間関係を形成する

今日、家庭では児童虐待等の事件が報道され、また、学校ではいじめ等が問題になっている。もちろん、いじめ等は以前からもあった。だが、子どもの疑問を大切にする環境さえあれば、虐待やいじめ等が少しでも防げるように思う。なぜなら、子どもにとって自分の思いを話せる環境があるからである。相手の思いに耳を傾ける環境があるからである。話し合える素地があるからである。

疑問の提示は信頼関係の上に成り立つ。信頼関係のないところで、疑問の提示など成立しない。どのような疑問も躊躇なく口に出せるということは、信頼関係が成立し、よい人間関係になっている。つまり、どのような状況でも受け入れる環境にある。信頼関係がないと、なかなか質問もできない。この人だから「尋ねないでおこう」ということになる。学級で言えば、学級がよい人間関係になっていないと、学級の友だち同士の疑問は成立しない。学級がよい人間関係になっていないところで質問すると、他の友だちから、

「そんな簡単なことがわからないのか」

「馬鹿だね」

「いい格好しようと思って」

などと言われる始末である。場合によっては、何の返答もしてくれないことになる。また、教師に質問すると、

「この子は、しつこい子ね」

「あの子は、こだわりすぎですよ。いつも、うるさいんだから」

「あの子は、やるべきことをきちんとすればいいのに」

などと言われることになる。子どもは自分の分からないことを質問しているのに、先生は聞いてくれないということになる。このことが積み重なってくると、子どもにとって嫌な先生にもなるし、先生にとっても嫌な子になる。そこには信頼関係など成立しない。子どもの言い分、子どもの思いを十分に聞いてあげて、真摯な対応ができるならば、子どもと教師との関係もよくなる。

これは、家庭でも同様だと思う。子どもが、

「お母さん、これ、どういう意味?」

と尋ねて、お母さんが、

「こんな簡単なことが分からないの。学校で何しているの?」

と答えるならば、もう、子どもはお母さんにできるだけ質問しないようにしようと思うにちがいない。子どもはお母さんを頼って自分の分からないことを質問しているのに、もうお母さんには相談もできないということになってしまう。

相談されるということは信頼されている。だから、話すのである。疑問から対話が成立するということは、その関係はよりよいものになっている。学校や家庭で、質問ができないし、疑問から対話が成立しないということは、何らかの問題があるといっても言い過ぎではない。だから、学校や家庭で疑問のある環境を構築してほしい。

もちろん、教師や親にとって、子どもの疑問がうるさく感じることもある。自分の力で調べてほしいと思うこともある。だが、疑問があるというのはすばらしい関係であるということをよく認識してほしい。

◉子どもの考え方を探ることができる

一般的には、子どもの日々の活動や行動等から子どもの考え方を探っていかなければならない。しかし、子どもたちに自分の疑問を提示できる環境にさえあれば、もっと子どもの考え方を知ることができる。子どもたちがどのように考えているのか、どんなところで躓《つまず》いているのかという点である。

五年生の算数の時間に、次のような質問があった。

「先生、どうして小数のかけ算の筆算では位をそろえないのですか」

この子は、これまでの筆算の学習（整数・小数のたし算ひき算、整数のかけ算）で常に「位をそろえる」ということに注意しながら学習を進めてきたのであろう。また、特に小数の「たし算・ひき算」の筆算の学習で何度も「位をそろえなさい」と注意されてきたのかもしれない。このことがこのような質問を生み出したように思う。もちろん、普通、小数のかけ算の筆算では、③で示しているように位をそろえて計算することはない。④⑤↓②で示したように整数のかけ算にして計算し、その後、倍数した数で割って答えを出す。

```
④     4.6 2(×100)      ①     4.6 2
   ×     2.3(×10)           +  2.3
   ──────────               ──────────
                                6.9 2
         ↓
                          ②      4.6 2
⑤      4 6 2                ×      2.3
   ×     2 3                ──────────
   ──────────                 1 3 8 6
     1 3 8 6                  9 2 4
     9 2 4                  ──────────
   ──────────                1 0.6 2 6
   1 0 6 2 6(÷1000) ──────→

              ③      4.6 2(×100)
                 ×   2.3 0(×100)
                 ─────────────
                     0 0 0
                   1 3 8 6
                   9 2 4
                 ─────────────
                 1 0.6 2 6 0(÷10000)
```

この質問から考えられることは、二つある。まず、当たり前のことであるが、この子が小数のかけ算の筆算をただ単に機械的に解いていただけということになる。答えは正解であっても意味が分かっていないからである。もし、意味が分かっていたら、このような質問が出てこなかったのではないだろうか。次に、よく理解できる子がこのような質問をしたのなら、この子は、「今までと同じように、小数のかけ算の筆算でも位をそろえて計算できないだろうか」という疑問をもったと考えても不思議ではない。その際には、③で示したように位をそろえて計算することも可能である。だが、計算の仕方において加減法と乗法との違いに目を向けなければならないことを考えると、本当に小数のかけ算の意味が分かったとは言いきれない。

このように考えると、この疑問から「小数のかけ算の学習」で理解しにくい子が増えてくるのではないかということが分かってくる。それだけ、子どもにとっては整数にして計算し、その倍数した数で割るということの意味が理解しにくいということになる。これまでの位をそろえてきた筆算の学習とは大きく異なるからである。ただ、この子にとって、この疑問をもったということは、筆算の意味をしっかり考え理解を深めるきっかけになったことは確かである。

もちろん、加減法と乗法の違いは明確に理解させておく必要があるだろう。このことは、物理学者である佐治晴夫が講演会で尋ねた質問に関わってくるように思う。佐治は、この講演会で小学校の先生方に質問しているが、満足な回答をくださった方は、たった二人しかいなかったと記している。ここでの佐治は、加法と乗法との違いが理解できているかどうかを、子どもの質問を通して尋ねている。もし、加法と乗法の違いを簡単なことだと考えているとしたら、大きな落とし穴に落ちることを示唆しているのではないだろうか。

以上から分かるように、子どもの疑問からさまざまなことが想像できる。つまり、子どもが発する疑問によって、子どもの考え方等を探ることができるという点にある。

※「佐治晴夫」については第4章参照。

◉教師も親も成長する

最後に、子どもの疑問から教師も親も成長してほしい。いや、教師も親も成長すべきである。ある教師は子どもの疑問から成長などしないと言ったが、子どもの疑問を軽んじている姿に大人の横柄さを垣間見て、何ともいえない歯がゆさを感じる。よほど、自分が偉いと思っているのだろう。確かに、大人にとって子どもの疑問が駄問に聞こえるかもしれない。だが、子どもとの対話を重ねていくうちに、意外な子どもの疑問に遭遇する。第4章で紹介するが、「サンタクロースっているんでしょうか」というお話は、子どもの疑問からできたお話である。もちろん、子どもの疑問に心の響きが感じられない人には駄問に聞こえるが、心の響きが感じられる人には駄問ではなく、きらりと光った疑問になる。

さて、次のような会話を何度か聞いたことがある。一例として参考にしてほしい。耐寒マラソンのときの会話である。最後の教師の言葉に違和感を覚える。子どもから学ぶことができる教師や親であるならば、どのように答えるだろうか。

子供 先生は、いいなあ。長袖・長ズボンで。どうして、先生は、長袖・長ズボンなんですか。

教師 先生は大人だから、いいんです。みんなは子どもだから。

子供 先生、先生も半袖半ズボンになったら、子どもの気持ちが分かるんじゃないの。

教師　そんな屁理屈をいわないで……。子どもは決められたことをきちんとすればいいんです。

突然、子どもに尋ねられたためか、十分な返答もできないまま、教師の決め台詞で話が終わる。

「子どもは決められたことをきちんとすればいいんです」という言葉には、何か、「子どもは口答えをするな」とでも言っているように聞こえてくる。教師や親が成長していないのに、子どもは成長しない。教師や親も、絶えず成長していく必要がある。当たり前のことであるが、このようなことが何度か続くと、子どもは教師に質問しなくなるのは明らかであろう。

まず、子どもの問いかけに同意することが必要であろう。

「ほんとだね。先生も半袖半ズボンになったら、みんなの気持ちがよく分かるね」

この後、さらにどんな言葉を投げかけていくべきか考える必要がある。

本当にすごい大人は子どもを納得させるだけの返答ができる。まず、子どもたちの質問に対して真摯に答える必要がある。もっと子どもの問いかけに耳を傾けていくべきである。子どもは、意外な質問を投げかけてくることがよくあるが、この質問をしっかりと受け止め、心を込めて子どもに返していくことである。

アメリカの哲学者であるガレス・B・マシューズは、次のように指摘している。

「子どもといっしょにこのゲーム（哲学的対話）をすることをいつでも拒否する親や教師は、自分たち自身の知的生活を貧弱なものにし、子どもとの関係を悪化させる」

子どもの疑問は、自分を成長させる格好の問題提起である。どう答えてやればよいか考えてほしい。子どもの疑問を大切にすると、子どもとの対話も成立する。教師や親は、自分のことが正しいことだとして、自分を正当化することもなくなる。常に自らに問いながら、子どもから学ぶことが多くなる。

※「マシューズ」は、第4章を参照。

第2章

子どもの疑問を支える要件

1 「話し合い」の時間を確保する

当然のことではあるが、まず、質問の時間を定期的に確保すべきである。そうでないと、忙しさ等の理由から、子どもたちは自分の疑問を提起できないまま、また、疑問からの「話し合い」ができないまま過ぎてしまうことになる。

もちろん、平素から質問ができる環境にある子どもにとっては、必要のないものかもしれない。だが、きちんとした話し合いができなければ、内容の深まりが見られない。だから、「話し合い」の場を設定してほしい。

学校では、自分の分からないこと（疑問等）を発表できる時間を設けてほしい。できれば、その時間が毎日あればよいが、できないのであれば、週に二、三度は設けてほしい。一日二十分程度でもよい。一番大切なことは継続することである。もちろん、学級（学校）の状況によって、質問の内容を限定してもよいが、広範囲からの質問を受け入れる機会も設けてほしい。このことによって子どもたちが周りの出来事に関心を持ち、また、さまざまな不思議に問題意識を持って見つめることになる。そして、この活動を継続することにより、子どもたちは自分の分からないこと（疑問等）を発言することに慣れていく。

さらに、分からないことから子どもたちの話し合いにつながっていけばなおさらよい。いや、話し合いにつなげてほしい。このことは、対話する能力の育成にもつながる。ただ、学校によっては、時間を確保しなくても「子どもの疑問」を聞いているという意見があるかもしれない。だが、時間を設定していないと特定の子に限ることになる。

家庭でも同様である。子どもたちは塾や稽古事等で忙しい。親も共稼ぎの家庭が増え、仕事と家事等で忙しい。家庭では、話し合う機会が少ないのが実状であろう。だからこそ、週に一度でもいいから、子どもたちの分からないことを聞く機会を設けるべきである。そして、どんな小さな事でも、家族全員で一緒に話し合うことが大切である。

◉「話し合い（子ども同士）」の意義

次に、子ども同士での「話し合いの意義」について記しておきたい。子どもの疑問は、教師や親、そして周りの大人の支えによって解決できる場合が多くある。だが、どんな場合でも個々の問題について、教師そして親は子どもとの対話を大切にしてほしい。子どもがどうしてそのような疑問をもったのか、子どもがその予想をどのように考えているか、そしてその理由等を尋ねることを通して、子どもとの対話を進めてほしい。このことは、対話がより高次なものであればあるほど、獲得できる「態度」「能力」や「信頼関係の構築と自己成長」につながる。もちろん、対話には時間がかかる。だが、避けないでほしい。教師も親も忙しいが、できる範囲で進めていくことである。

ただ、ここで特に記しておきたいのは、子ども同士での「話し合いの意義」についてである。子ども同士の話し合いは無駄である、もっと効率的に学習を進めなければならないという人がいるかもしれない。そういう人たちのために、その理由を記しておきたい。

まず、子どもたちが自立していくためである。教師や親に頼ることなく、自分たちの分からないこと（疑問）を友だちに尋ねることを通して、子どもたち同士で自分たちの問題を解決することにある。子どもたちが本気で話し合い、自分の思いをぶつけ合う中で、さまざまな情報を獲得し、自らを見つめ直したり、より確かなものを求めることにある。また、話し合いの中での問題点を見つけ、その問題を子どもたちの力で解決することができれば、子どもたちの学習活動がさらに意欲的になる。子どもたちにとって、自分たちの力で解決した喜びは計り知れない。子どもたちが問題を共有しながら、協力して解決していくところに意義がある。このことは、まさに、子どもたちの主体的な学習活動である。さらに、子ども同士の話し合いの中で、自分の考えがきちんと発言できるようになれば、自信にもつながる。ここでの教師や親の役割は、決して放任ではなく、子どもたちへの支援である。子どもたちの話し合いを陰から支えることになる。

次に、子ども同士の話し合いを通して、子どもたちの「表現力」や「思考力（考える力）」「質問力」等を表出させるためである。子どもたちはさまざまな思いや考えでいっぱいである。その思いや考えを表出させることにある。子どもたちの発言の中には、時には、思いも寄らない発言もある。また、ユニークな発言もある。このことがまさに大切である。ここには、子どもにしか見られない発想がある。子どもたちの本音がある。子どもは、時にあまり考えていないように見えるが、実はよく考えている。このことを通して、子どもたちはお互いに刺激し合いながら、より一層真剣に学び合い高め合うことができる。まさに、このことが重要である。教師や親がちょっと口を挟んだために、子どもたちの話し合いがとまってしまうことはよくある。子どもたちが教師や親の思いに答えようとするためであろうか。決して、教師や親の視点からではなく、子どもの視点から自由に話し合わせることによって、このことが可能になる。子どもたちも、自分の思いを話せたことに満足感を覚えることだろう。言うまでもないが、放任によって充実した話し合いには決してならないことをあえて記しておきたい。

最後に、子ども同士の話し合いを通して、民主的なあり方を学ぶことにある。話し合いは、一方的な数人の考えによって解決することではない。みんなが納得できないことを提起することを通して、より確かなものを模索することにある。また、逆に、多数の意見によって解決することでもない。少数意見であっても、その考えに耳を傾けながら、より真なるものを求めることにある。その際、子どもたちは、どんな方法で他者に説明していけばよいか考えることになる。このような活動を通して、子どもたちはお互いを尊重しながら、お互いの意見に耳を傾け、探究していくことになる。

2　子どもの疑問に対する教師や親の支援方法

次に、子どもの疑問を考える際の教師や親の支援方法である。もちろん、教師と親の支援方法には、違いがあるのは当然のことである。学校（学級）では、「教師と子ども」の関係であるし、家庭では、「親と子ども」の関係である。さらに、「一対多数」の関係と「一対少数」の関係でも自ずと異なる。したがって、ここでは、学校での「教師と子ども」の関係については、深入りしないことにする。一般的に言えることのみを記す。

◉子どもの質問に対する配慮

まず、前章でも記したが、子どもの質問に真摯な態度で接してほしいということである。子どもは突拍子もないことを言うがそれも受け入れてほしい。分からなければ「分からない」と答えればよい。当然のことながら、常に、正解が答えられるわけではない。その際には、一緒に考え調べていくことである。また、直ちに正解を答えることがよいことでもない。「子どもがどう考えているのか」等を教師や親が探っていくことは大切なことである。

「どうして、そんなことを考えたの？」

「あなたは、そのことをどう思っているの？（あなたの予想は何）」
「あなたの予想はどこから生まれてきたの？（予想の根拠は何）」

等、教師や親の方から質問してみることである。この質問に対して、子どもが理にかなった発言ができるようなら、この子はよく考えている。もちろん、十分な返答ができなくてもよい。その場の思いつきの疑問であっても何ら問題はない。子どもの質問には、簡単には答えられない疑問が多くある。

ただ、心しておきたいことは、子どもたちと対話していると、時には子どもたちから思いがけない言葉が返ってくることがよくある。子どもたちの答える反応は大変興味深い。その際に、子どもの言葉から「この子は理屈っぽい子だ」と捉えるのはよくない。子どもなりの論理だと捉えてほしい。教師も親も子どもの論理とどう対話していくかが重要である。子どもは考えていないようでよく考えている。この時点において、子どもとの対話が成立している。

さらに、子どもが成長して自分の力で調べられるようになると、今度は
「その疑問について、どこまで、あなたの力で調べられたの？」
と質問してあげればよい。いつも、すぐに教師や親に頼るのではなく、自分の力で調べていくことは大切なことである。活動範囲を広げて、周りの人に尋ねたり百科事典等の本で調べたり、実際に調査したりすることである。

「ここまで調べたんだけど、ここがどうしても分からない」と言えれば、この子はかなり成長している。「調べ」が本物になっている。

◉子どもの疑問が解決できない時の支援

ただ、問題なのは、子どもの疑問が難しすぎて解決できない時である。子どもがさまざまな疑問を出しても、いつまでたっても解決できないのでは問題がある。子どもも解決できないことを悟って、自分の疑問を教師や親に話さなくなるだろう。だからこそ、容易に解決できることから一つでも一緒に解決してほしい。

今日、さまざまな情報源がある。もちろん、人と話すことにより情報が得られることもあるだろうし、博物館や図書館を利用して得られることもあるだろう。さらに、放送局や新聞社などの情報機関やインターネットを通して情報を収集することも可能である。また、時には、毎日の観察や調査によってデータを収集し解決への糸口を見つける場合だってある。このように考えると、意外とスムーズに解決できる場合とかなりの困難を伴う場合がある。もちろん、解決できない場合だってある。だが、難しい疑問についても、それに関連することを調べて少しでも解決への糸口を探してほしい。こうした教師や親の姿は必ず子どもの心に通じる。

もちろん、教師や親は解決する役目ではない。子どもに調べ方を提示するのも大事な役目である。いや、子どもが自らの力で解決へと切り拓いていく力を支援することこそが最も望まれる姿である。だが、子どもが話した疑問が解決できない時、また、子どもが解決しようとしない時に、教師や親の支援が必要である。戦後、「はいまわる経験主義」といわれたことがある。疑問を出しても解決できないまま、探しあぐねる姿を非難した。だが、ここで考えてほしいのは、少々の困難にも挫けず立ち向かっていく粘り強さこそ重要であるということを忘れてはならない。簡単なことを解決するのは当たり前である。解決が困難な時にどう乗り越えていくかが重要である。このことを通して、粘り強い態度も培うことができるだろうし、探究心も培うことができる。この困難を乗り越えることができれば、今まで経験したことがないような達成感も得られるだろうし、自信にもつながる。どうしても解決が困難な時には、少し幅を広げて新たな視点から、またさまざまな角度から歩みを進めてほしい。そのためには、長いスパンをとって、焦らずじっくり考え続けていくことである。

だが、このように言うと、「どんな疑問でも考え続けてよいのか」という問いが返ってきそうである。もちろん、その子の状況によっても異なるが、まず、寄り添って考えてほしい。ただ、解決が困難な疑問ばかりを考えていて、全く調査活動ができないのなら問題が残る。その際には、強引に子どもの疑問を打ち消すことなく、子どもとの対話によって、子どもに解決することは難しいことを伝えてほしい。

3 疑問が提示できない子に対する支援方法

◉どんな質問でも受け入れる

本来、子どもは自分の疑問を率直に発言するのが自然な姿だと思うが、なかなか疑問の出せない子がいる。

「自分の分からないこと（疑問）を質問することは大事だよ」

といっても、躊躇《ちゅうちょ》して自分の思いが話せない。みんなの前で発言することに慣れていないこともあるが、分からないことを発言することに恐怖心をもっているようにも感じられる。いつも、正解を答えることに悪戦苦闘しているため、分からないことを発言することができなくなっていることもあるだろう。「分からない」と発言することに対する周りの目への過剰な意識が起因していることもあるだろう。もちろん、日本人が質問しないという特質があることも事実だが、周りの環境がそのようにさせているという事実にも直視しなければならない。つまり、質問を受け入れる環境にあるかどうかということである。子どもは

「間違ったらどうしよう」

「こんな質問をすると、バカにされる」

「質問すると嫌がられるかもしれない」

等、さまざまな思いが交錯することにより、なかなか質問できないでいる。だから、まず、子どもたちがどんな質問をしても受け入れることである。一緒に考えることである。たとえ、子どもの質問が哲学的な質問であっても、その質問が些細な質問であっても受け入れて一緒に考えることである。

よく質問すると言われるアメリカでは、「バカな（シリーな）質問は存在しない」と言われる。子どもたちは学校で、最初に教師からこの言葉を聞くそうである。教師には子どもたちに対して「どんな質問もおかしいということはない。どんどん質問してください」という姿勢がある。

大正時代の教育者で多くの人に影響を与えたといわれる木下竹次は、

「質疑も始めは思いつきのきわめて浅薄な断片的部分的のものが多い。愚問駄問の頻発は聞くものをして頭痛を起こさせることがある。しかしこれが他日立派な質疑を起こす基であるから決してこれを抑圧してはならぬ。」

と記している。木下竹次は何度も何度も繰り返し質問していくと、よりよい質問になると記しているように思う。アメリカの質問に対する考え方と木下竹次の質問に対する考え方には違いがあるが、どちらもどんな質問も大事にするという姿勢には変わりがない。

子どもたちは、自分から質問することによってさまざまな情報を主体的に獲得し、体に身に付いた知識となっていく。自分から主体的に関わりを持ち、考えようとしているからである。

木下竹次はこの締めくくりとして、さらに次のように綴っている。


「このようなばあいではその発表形式も粗雑下品で不快の感に陥ることがあるけれどもいくたの欠陥を寛恕《かんじょ》してひたすら質疑を各学習者からたくさん無邪気にだすように工夫せねばならぬ。なにごとも質疑がたくさんでるようになってからの工夫である。」


木下竹次は、まず「子どもたちを温かく見守って、たくさんの質問が出るように工夫しなければならない」といっている。親からみて、子ども一人の力でできることであっても、最初は一緒に考えてほしい。

たとえば、

「お母さん、これはどんな意味?」

という質問であっても、

「自分で調べなさい」

と言わずに、まず一緒に調べてほしい。もちろん、自分の力で調べられる方がいいが、できなければ、まず一緒に調べてあげることである。

このことを通して、質問を受け入れる関係を構築してほしい。
※「木下竹次」は第4章を参照。

◉子どもが質問しないのなら、教師や親から質問する

次に、どんな場面でもいいから、

「何か質問はないか（ありませんか）」

と尋ねて、子どもたちから質問が出てこないようなら、教師や親から質問することである。家の周りの木々についてでもいいし、建物についてでもよい。今、気にかかっていることでもよいと思う。また、学校での学習についてでもよいと思う。私たちの周りには、たくさんの分からないことが存在している。この分からないことを子どもに質問することによって、「質問することの大切さ」を伝えてほしい。このことによって、子どもたちは、「こんなふうに質問すればよいのか」と気づくこともあるだろうし、また、何気なく過ごしていた子どもが、問題意識を持って周りを見つめるきっかけにもなる。また、このことが自分を見つめなおすことにもなる。

授業中、子どもたちが質問しないでいると、教師の方から子どもたちによく質問をした。子どもたちは分からないのに黙っているからである。

「〇〇の言葉は、どういう意味ですか」

「〇〇君の言ったことは、分かりましたか」

「なぜ、〇〇君はそのように言ったのですか」

と質問すると決まって、

「分かりません」

という言葉が返ってくる。そこで、

「どうして質問しないのか」

というと、黙って返事しないか

「はずかしいから」

と答える。もちろん、子どもたちにとって、なかなか質問できない状況にあることは事実である。だが、分からないのに、黙っているのはよくない。もちろん、その場の状況によって質問できない場面もあるが、自分は納得できない、分からないというのであれば、質問すべきである。教師や親は、子どもが分からないことを分からないまま過ごしている状況を十分認識する必要がある。

学校で何度か、質問のできる子は優秀な子に限られるという言葉を聞いたことがある。

学力の低い子は質問ができないというのである。確かに、「質問の質」を問うならば、学力の低い子は質問ができなくなるのは当然の結果だろう。だが、どの子にも質問があるのは当然のことである。学力の低い子は質問できないのではない。周りが質問させていないだけである。もし、授業中での質問に都合が悪ければ休み時間に質問を聞いてあげればよいだけである。ノートに、子どもの疑問を書かせることだってできる。

学力が高いとして知られているフィンランドの学校では、「ミクシ?」という言葉がよく聞かれるそうである。この「ミクシ?」という意味は、「どうして・なぜ」という意味だが、常に「理由・根拠」を求めている。自分が納得のできないことに対しては、常に質問してその根拠を求めている。「質問しないことが恥ずかしい」という意識変革こそが私たちの環境に求められている。だからこそ、子どもが質問しようとしないとき、まず、教師や親から子どもたちに質問することである。

◉民主的な環境が必要である

次に、私たちの環境という視点から考えておきたい。もちろん、教師や親が子どもの質問を受け入れる姿勢をもつと、自ずと子どもの姿勢に変化が見られる。だが、それでも、子どもの質問に意欲的な変化が見られないようなら、周りの環境がどのような状況であるかを吟味しておく必要がある。

つまり、学級で言えば、学級が民主的な集団になっているかどうかということである。子どもたち一人一人が、自分の思いを率直に発言できる環境になっているのであれば、精神的に弱い子も発言しやすくなるのは当然のことだろうし、周りの友だちの支援によっても、発言しやすくなっていくだろうと考えられる。だが、学級集団がうまく機能していない場合、当然、発言することが難しくなるだろう。そのためには、まず、一人一人の思い（疑問）を大切にする学級づくりを進めてほしい。一人一人が本音の言える学習環境を構築してほしい。

家庭でも同様である。一人の発言力が強すぎては、他の人は自分の思いがいえなくなる。親は、常に子どもの思いを探る姿勢をもってほしい。だからこそ、みんなが分からないことや納得できないことを質問できる環境づくりが必要なのである。

4 留意したいこと

◉不確かであれば調査活動を行う

最後に、教師や親が支援する際、心しておきたいことについて記しておく。それは、「教師や親の判断によって、解決への糸口を閉ざしてしまう場合がある」という点である。

いくら教師や親が真摯な態度で子どもの疑問に対応したとしても、それぞれの判断基準によって、それぞれの問題が処理されてしまう。つまり、教師や親の対応能力によって、違いが出てくるということである。これは、教師や親の「子どもの疑問」に対する姿勢によって異なるともいえる。

たとえば、教師や親が子どもから質問されて、自分の知っていることを話して、それで解決してしまったようになってしまう場合がある。教師や親が想像の域を出ないまま話して、これで子どもの疑問を解決したかのように終えてしまう場合である。これでは、教師や親の話したことが正しいのかどうか分からない。教師や親が不確かだと思えば、きちんと調査してほしい。

確かに、人によっては調べる活動は大変である。だが、確かな事実もないのに、あたかも話していることが正しいことであるかのように話していたのでは問題が残る。もし、自分で調べることができないのであれば、子どもの疑問を知人等に尋ねてみることである。教師であれば、子どもたちに

「○○君がこんな疑問をもっているんだけれど、みんなはどう思いますか」

と尋ねることもできるし、また、他の教師に尋ねることもできる。このことによって、この疑問はさらに広がりを見せるし、新たな情報を獲得することができる。

家庭でも同様である。自分だけで解決できないのであれば、さまざまな人に尋ねること

である。広中平祐の母親は、平祐の疑問を医者や神主に尋ねている。もちろん、ここまでの活動はなかなかできない。人によって調べる方法には限界がある。だが、さまざまな人に尋ねて情報を収集してほしい。納得がいかないのであれば、一つではなく、二つ、いやそれ以上に情報を収集してほしい。

◉子どもをよく認識すること

次に心しておきたいことは、「子どもは、大人の解答に対して簡単に納得してしまうところがある」という点である。もちろん、このことは子どもだけではない。大人にも当てはまる。本当は分かっていないのに分かったふりをしている場合である。あるいは、本当は納得していないのに納得させられてしまっている場合である。これは、当然、子どもの側にも責任はあるが、子どもが発言できない状況にさせられてしまっているということにも直視する必要がある。子ども本来はさまざまな質問をするが、何らかの障害によって質問ができなくなっている状況である。

学校では、ときどき社会見学に行くことがある。その際、前もって質問を用意していくが、その質問だけで終わってしまうことがよくある。これでは、子どもたち自身の内面から生まれている質問とはいえない。見学後、学校に戻ってきても質問がでてこなければならない。このように考えると、子どもが再度質問に躊躇《ちゅうちょ》してしまう要因をよく認識しておく必要がある。

子どもの側にたっていえば、何度も質問するといやがられるという意識もあるだろうし、再度、「分からない」ということへの抵抗感もあるだろう。もともと問題意識がない場合だってある。ただ、子どもの内面には必ず知りたいという欲求が沸々と煮えたぎっているということをよく承知しておきたい。

だからこそ、子どもの内面を探り子どもの心をよく理解してほしい。

第3章

学校での子どもたちの疑問

この章では、学校での「子どもたちの疑問」をさまざまな場面から提示する。
（注）アルファベットは、仮の児童名として表示している。

1 「話し合い」を通して

朝の会での子どもの疑問

概要

学校では、四月当初より朝の会で「自分たちの身の回りの気にかかることや疑問」について情報交換してきた。子どもたちは順番に「自分の気にかかっていること」や「自分の疑問」を発表し、その後、他の友だちがその予想を発表したり、自分の分からないことを質問したりしてきた。

この活動を通して

① 自分の分からないことを率直に質問してほしい

② 自分たちの身の回りのさまざまな様子について問題意識を持って見つめ、問題を解決する態度を身に付けてほしい

という願いから続けてきた。分からないことをそのまま黙って過ごすのではなく、自分から積極的に質問する姿勢を培い、いろいろな分からないことを解決してほしいという願

いである。

発言の様子

次に提示するのは、子どもたち（小学一年生）の朝の会の様子の一部である。

平成二年度（一九九〇）

□台風のこと（十一月二十九日）

Y　（普通）台風は冬にはこないやろ。どうして、冬に台風がくるんやろか。

F　夏が長引いているんとちがうん。

O　今年の冬が暖かいので、勘違いしてやってきたと思う。

I　台風二〇号と二一号とは、どうして同じ所を通ったのかな。

S　台風の通り道ができたから。

T　同じ方向に風が吹いたから。恐竜が滅びるときも同じ方向に風が吹いて滅んだから。

K　恐竜が生まれる前って、いつですか。

T　二億五千万年前です（第5章1）。

□鬼遊びのこと（十二月十一日）

S　なんで、体育の時二班は鬼遊びで負けるのかな。

M　作戦を考えていないからだと思います。

F　二班はうしろを向いているからだと思います。

K　何も考えていないからだと思います。
H　いいアイディアがうかばないからです。
T　作戦どおり、ちゃんとしていないからだと思います。
O　二班は、ちょっと力が足りないからです。
I　女の子が多いからです。

□蛙のことから（十二月十三日）

F　蛙も冬眠するのに、どうしてハ虫類の仲間じゃないのかな（第5章2）。
K　冬眠って何ですか。
O　春になるまで眠っていることです。
T　蛇とか蛙とかが、土の中で眠っていることです。
F　猫などは、毛がはえていて温度調節ができるので、冬眠しないですむが、毛のはえていない動物が冬眠する。
T　調節って何ですか。
F　例えば、湯が熱かったら水を入れて冷たくすることを調節と言います。

□ロケットのことから（十二月二十一日）

F　どうして、ロケットの操縦席の写真は本を見てものっていないのかな。
教　ロケットとスペースシャトルとは、どう違うのですか。

F　ロケットは固体燃料を使わない。スペースシャトルは固体燃料を使う。ロケットは細長いが、スペースシャトルは……。

※その後の調査によりこのF児の「ロケットは固体燃料を使わない」というのは誤りだった（第5章3）。

S　固体燃料って何ですか。

F　スペースシャトルの横についている燃料です。例えば、スペースシャトルのガソリンのようなものです。

I　スペースシャトルのガソリンって、どんなものですか。

F　分かりません。

M　スペースシャトルって、何ですか。

F　スペースシャトルは宇宙に行って実験したりするロケットみたいな……。

H　ロケットの方が速いです。

□目について（十二月二十一日）

S　どうして、目は見えるのかな。

Y　目の中に黒いものがあるでしょ。暗いところへ行ったらこの黒いところが大きく、光に当てると、このところが小さくなるからじゃないかな。

次に提示するのは、子どもたち（小学二年生）の朝の会の様子の一部である。前述した一年生の子どもたちとは異なる子どもである。

平成九年度（一九九七）

□ミニトマト事件（七月の初め）

A 「Sちゃんのミニトマトは、どうして折れたのか」ぼくは、気にかかっています。みんなはどう思いますか。
B 台風がきたから折れたんじゃないかな。
C 雨と風によって、折れたんじゃないかな。
D カラスが食べたんじゃないかな。
E ぼくは、Bちゃんに質問だけど、ぼくのミニトマトは、折れていないよ。
F Sちゃんのミニトマトは、草が少し多かったよ。栄養分が草にとられて、ミニトマトに栄養がいっていなかったんじゃないかな。
G カラスがミニトマトを食べたんじゃないかな。
H カラスは、肉食動物だよ。カラスはトマトなんか食べないよ。
I カラスが、生ゴミを食べていたよ。
J 野菜も食べていたよ。
E トマトをぼくの家では作っているんだけど、そのトマトは、くさったところがあって、そこを開けてみると、ナメクジがいたよ。だから、ぼくは、カラスがトマトを食べていないと思うよ。いちごも食べていないよ（第5章４）。

（注）ここでのアルファベットの児童名は、「生活科―米作り―」のアルファベットの児童名に対応していない。

朝の会について

□台風の話

Y児が「冬が近づいているのに台風が来た」ことに疑問をもつ。その疑問に対して、他の子が自分なりの予想を立てる。二人の子どもたちの予想も面白い。「夏が長引いているから」「今年の冬が暖かいので、勘違いしてやって来た」という予想は、子どもらしい発想で何とも言えない温かみがある。子どもは子どもなりによく考えている。二人の予想は、もちろん「台風は暖かいときにくる」という根拠から、この発言が生まれている。

さらに続けて「台風二〇号と二一号とは、どうして同じ所を通ったのかな」という発言も、興味深い。子どもは見ていないようでいろんな情報を獲得している。この発言は、台風の発生場所や台風の通り道についての学習につながっていく。

この後、「どうして、冬に台風がくるのか」という疑問をもったY児は大阪管区気象台へ手紙を送った。もちろん、教師や親が支援している。子どもたちの「あたたかいから」

という予想は当たっていた。この子の出した手紙は次のとおりである。

はじめまして。てんきよほうのおじさんへ
ききたいことがことがあります。
こんかいのたいふう28ごうは、
なんでふゆにきたのですか。？
ふつうは夏にたいふうはきますね。
どうしてですか。

〇〇〇小学校
一年　〇〇〇

後日、大阪管区気象台から次のような返事が届いた。

〇〇〇様
こんにちは。お手紙いただきました。日ごろから天気予報を見ていただいているようですね。ありがとうございます。
さて、〇〇君のしつもんについてお答えしましょう。今回の台風第二八号は、冬に来てしまいましたね。これは、はじめてのことです。〇〇君が言ってくれたように、ふつうは台風は夏や秋にやって来ますね。

では、どうして冬に来てしまったのでしょうか。それは、今年は一年中、あたたかかったからです。たとえば、今も十二月だというのに、ぽかぽかしていますよね。台風第二八号が来たときも、気温が高くて、秋みたいな空だったんですよ。

台風は、日本のずっと南の海の上で生まれます。そして、だんだん日本に近づいてきます。このようにあたたかいと、台風は日本にやって来やすいみたいですよ。

〇〇君は、天気にきょうみがあるようですね。〇〇君も、時どき空をながめて、くものかんさつや星のかんさつをしてみてね。いろいろとへんかしますから、それをノートにきろくしておくといいですね。

毎日、テレビの天気予報を見て、〇〇君も「お茶の間予報官」になって下さいね。

では、お元気で。活躍を期待しています。さようなら。

一九九〇年十二月十三日

大阪管区気象台予報課

さらに、両親への手紙が次のような内容で送付されていた。

御両親様へ

台風の影響を最も受けやすいのは八月です。次が九月、そして七月、十月、六月の順になっています。一年間に台風が発生する個数は、大体二十七個くらいです。そのうち日本に上陸するのは三個ぐらいです。でも、年によってかなり違います。

台風は、北緯一〇度から二〇度付近にある熱帯収束帯で発生します。そして、太平洋高気圧の縁辺を回って北上してきます。日本に近付くまでは西進します。これは貿易風（熱帯の東風）に流されるからです。日本付近の上空にはジェット気流（偏西風）が吹いていて、台風はジェット気流に乗って東進するようになります。従って、台風進路の予測には、太平洋高気圧の強さと位置、ジェット気流の吹き方が重要となります。今年は熱帯収束帯の雲の対流活動が活発です（これは、熱帯太平洋の海水温が高いからです）。このため、南北方向の大気大循環が強化され、そのすぐ北側の太平洋高気圧の勢力が強く、しかも平年の位置よりも北偏しています。それで、太平洋高気圧の縁辺を回って来た台風が日本を指向することになりました。

―略―

今年は異常高温の年になりそうです。十二月の結果待ちではありますが、多分観測史上初の高温記録になりそうです。ただし、これが即ち温室効果気体増加による地球温暖化現象にはつながりません。大気には周期の短い自然の変動があって、今年の高温はこの自然変動のうちの一つのピークにすぎません。大体十年周期で高温と低温を繰り返しており、今年はその周期の高極になっています。これに対して地球温暖化現象は、数十年かけて変化する現象です。それに、今年の高温は日本における話であって、低温の国もあり、地球規模で見なければなりませんから、今後の調査が必要でもあります。

天気予報には、今日、今夜、明日、明後日の予報のほか、週間天気予報も毎日出しています。また、一ヶ月予報は毎月月末に、三ヶ月予報は毎月二十日に出していますから、これらもテレビや新聞、「一七七」で情報を得て下さい。

大阪管区気象台には「天気相談所」があります。この他、分からないこと等は、電話で尋ねていただいてもいいですし、直接来ていただいても結構です（ただし、第二、第四土曜日と日曜祝日は休みです）。

一九九〇年十二月十三日

大阪管区気象台予報課

台風上陸数記録更新

今年の上陸台風の数は六個です。これは、気象庁が台風の定義を決めた昭和二十六年以後では最多記録になりました。（以下略）

（注）この内容は、一九九〇年十二月の状況なので、今日の状況では、さまざまな面で変化が見られる。

□「蛙も冬眠するのに、どうしてハ虫類の仲間ではないのか」という話

F児の疑問に対して「冬眠」という言葉の意味が分からなかったことから、その意味を尋ねている。一人の子が答えているだけではなく、数人の子が「冬眠」という意味を説明している。ここでは、いろいろな視点から「冬眠」という言葉の意味を説明している。最後の友だちが「猫などは、毛がはえていて温度調節ができるので、……」と説明すると、さらに、「調節」という意味の分からない子が尋ねている。そこで、「調節」という意味を説明することになるが、F児は湯の温度を冷たくする際の方法から「調節」という言葉を説明している。F児は自分たちの生活場面から具体的に説明しているのが本当にすばらしい。教師が子どもからの質問に対していくら上手に説明したとしても、友達からの説明には、何倍もの効果があるように思う。

もちろん、内容面では、「蛙はどうしてハ虫類ではないのか」という疑問からはそれてしまったが、子どもたちにとっては、この疑問に答えるだけの情報量がなかったのかもしれない。この後、この疑問を発表した子は、理科の先生のところへ尋ねに行った（第5章

2）。

□二年生の朝の会「ミニトマト事件」

A児が毎朝、ミニトマトを観察していたことから生まれてきた疑問である。子どもたちは、自分なりの予想を言うが、なかなか友だちを説得できずにいる。だが、実際に見たことから具体的に説明して理由づけているのが興味深い。

この話し合いでは、次第にカラスがミニトマトを食べたかどうかに話が移っている。H児が「カラスは肉食動物だから、トマトを食べていない」と発言したのに対して、I児が「カラスが生ゴミを食べていたよ」と言い返す。もちろん、カラスは、雑食性動物なので、動物性の食べ物も植物性の食べ物も食べる。H児の発言は、普段の生活でカラスが動物の死骸を食べているのをみたことから「カラスが肉食動物である」と発言したと考えられる。

その後、「カラスがミニトマトを食べるかどうか」を観察しようということになった。だが、毎日観察し続けるが、「カラスがミニトマトを食べる」ところを子どもたちの目で確認することはできず、確かな結果を得ることはできなかった。もちろん、カラスはかしこい鳥なので、子どもたちの見ている様子を窺《うかが》っていたと想像できる。その後は、子どもたちからカラスについての発言がなかった（第5章4）。

以上、三つの疑問について説明してきたが、子どもたちは、日常からさまざまなことに関心を持って生活していることが分かる。もちろん、友だちといろいろなことを話したり、いろいろな本を読んだり、家で両親とさまざまなことを話しているからこそ、子どもたちはこれだけのさまざまな情報を提示できているのだと思う。

もちろん、まだまだ十分ではない。だが、子どもたちは周りの事象に対して関心を持ち、解決していこうという態度が窺われる。このような活動を継続することにより、さらに質の高い追究へと進んでいくように思う。

授業での子どもの疑問

(1)生活科　米作り（二年生）　平成九年度（一九九七）

概要

次は生活科での子どもたちの活動の様子である。子どもたちは田植えをし、稲刈りから稲をいなきに干し、脱穀した後、唐箕《とうみ》を使って藁《わら》と籾《もみ》を選別してきた。この後、籾を干し、子どもたち自身でいろいろな人に聞き取りをしながら、籾から米にしようとした段階である。

活動の様子

□一升瓶とすり鉢での籾摺《もみす》り

十二月の初め頃より籾摺りの活動を始めた。はじめに、子どもたちとどのように米にすればよいかを話し合った。すぐに子どもたちから、昔は一升瓶で米にしていたとの発言があった。だが、一升瓶は危ないのではないかと思い、他の方法はないかと子どもたちと話し合っていた。

そんな矢先、早く活動を始めたかったのか、休み時間にペットボトルに籾を入れて米にしようとする子が出てきた。手元に一升瓶がなかったことからペットボトルでできないかと考えたようである。しかし、やはり、ペットボトルでは、ダメだと分かると、他の子が家にあった一升瓶を持ってきた。さらにこの頃より、すり鉢とすりこぎを持ってくる子も出てきた。

この時点で、やはり、一升瓶とすり鉢を使うしかないと思い、子どもたちには、早速一升瓶とすり鉢等の取り扱いについて説明した。そして、学校でもグループごとに一升瓶とすり鉢・すりこぎを用意して活動が始まった。

□赤くなった米

しばらくたったある日、A児が朝の会で、藁屑《わらくず》と籾を分ける方法について説明した。もう既に、唐箕を使って選別していたが、さらに分けられないかと考えたようである。

「籾を水につけるとわらくずなどが浮いて、籾は沈むんだよ。わらくずなどは、軽いから浮くんだよ」

子どもたちは、A児の話を聞いて、実際に籾を水につけてみた。ところが、数日して、水につけていた籾に異変が起こった。

子どもたちは登校してくるなり、籾が赤くなっているのに気づいた。

「誰が赤のインクを混ぜたの?」

「誰がチョークの赤を混ぜたの?」

といたずらをした犯人を捜していた。

赤くなった訳をみんなで話し合ったが解決しなかった。そこで、家に帰っておじいさんやおばあさんにこのことについて話を聞くことになった。その結果、籾を水につけたことから赤くなったのではないかという意見が大勢を占めた。おじいさんやおばあさんの話では、籾が腐っているというのである。

□玄米にする活動　糠が気になった子どもたち

その後、冬休みをはさんで、籾米（籾）から玄米（黒い米）にすることが主な活動であった。もちろん、この段階では、子どもたちには「玄米」という言葉は使っていない。昔の方法で米にしようという段階である。

班によっては、ざるで米にしようとする子も出てきた。何か他に良い方法はないかと考えたようだが、なかなか思うようにはいかなかった。また、子どもたちの中には、籾をすったことから出てくる糠に夢中になる子も出てきた。実は、この糠《ぬか》をニワトリにあげていたのである。B児たち二人が、授業中、鶏小屋に行ってなかなか教室に戻ってこないことから、このことが分かった。二人は、教室に戻ってくるなり、

「ニワトリ、おいしそうに食べていたで」

とみんなに話していた。教師としては、早く籾を米にしてほしかったが、しばらく様子を見ることにした。糠のことについては、この時点で何も話していないが、この子どもたちは、誰かに聞いてきていたようである。

しかしながら、当然、こんなことをしていたのでは、なかなか玄米にはできないと思った。しばらくして、こんな状況を察してか、子どもの中から、家に一升瓶を持って帰って、米をついてきたいという子どもが現れた。もちろん、大変うれしかったが、家に持って帰ると、一升瓶を壊すのではないかという不安が、また心によぎった。だが、子どもたちの熱意に負けて、「絶対に瓶をこわさないように」ということを何度も念を押した上で、子どもたちに任せることにした。もちろん、家庭の協力があってのことである。子どもたちは、相談して一人の子の家に集まり活動をはじめた。もちろん、活動はかなり進んだ。

なお、子どもたちが糠をあげていたニワトリは、子どもたちが一年間、学校の役割分担として世話をしていた生き物である。

□二人の子どもの発見帳

二月の初め頃、B児とC児は、発見帳に次のように書いてきた。B児はこの頃、家の米と学校の米との違いを不思議に思っていたようである。そこで、家から白い米を持ってきていた。学校での米は、まだ黒い米（玄米）であった。

子どもの疑問

［B児の発見帳］

・お母さんに聞いたけど、お米は、ほとんどの人たちは、のうやくをかけているといったから、ぼくは、のうやくを食べているのかなあと思いました。

・どうして、米は、白い米と黒っぽい米があるのかなあと思いました。（どうして、学校の米と家の米はちがうのかなあと思いました）

［C児の発見帳］

・米のことなんだけど、米は白と赤ときみどりで、きみどりの米は、Sちゃんは、くさっているってゆってるけど、ほんとうにくさっているのかな。

二人の思い（気にかかっていること）を学級全員に話し、このことについて、みんなで話し合った。次に示したのはその一部である。

（二月十二日）

□農薬のかかっている米

D①　農薬のかかっている米とかは、あんまり食べんほうがいい。農薬は体に悪い。

E②　ほんまに、農薬は体に悪いんやて。それからな、なんかな、農薬をまいている田んぼがあるやんか、その時にな、家のお母さんがいっとったけどな、車で通りよってな、「窓を開けたらあかん」といっとった。「なんで」といったら、「農薬、今、かけているから」といって、「それが車の中に入ってきたら、体に悪い」といっていた。

D③　家の窓は、どうなんよ。

？④　……

A⑤　農薬は体に悪いから、まくときに、なんか背負って、マスクして。

F⑥　あんな、おばあちゃんが言っとったけどな、米に病気がつかへんようにな、農薬をまきよると。

G⑦　あんな、ちょっとだけ思い出した。米に虫がついて、腐って、農薬しとったら、虫が死ぬからやて。人間もすうたら、体に悪い。

H⑧　農薬、体に悪いからな。ホースみたいなもんで、そんなに近くでまいとったら危ないから、長いやつでさっとまいているんやて、パイプみたいなやつで。ぱーとまいている。

農薬については、体によくないという意見が大半を占めた。ただ、F児とG児は、「なぜ、農薬を米にかけているか」について話した。

□白い米（白米）と黒い米（玄米）

その後、「白い米と黒い米」についても自分たちの思いを話した。子どもたちの話の内容は次のとおりである。

I①　なんかな、おばあちゃんに聞いたけどな、黒い米よりもな、白い米の方がおいしいけど、黒い米の方が栄養がある。

E②　ぬかや！　それでな、精米でな、おじいちゃんがいっとったけど、それで下から、ぬかがでるねんで。

J③　じゃあ、黒い米を食べた方がいいということ。

?④　おいしい？

B⑤　まずいわあ、黒い米、まずすぎて食べられへんわ。

D⑥　黒い米を、削ったら、白い米になる。

E⑦　削るんとちがうで。

B⑧ 削るんとちがうで、ぬかがな、米についとんねんで。
A⑨ ついとんねんで。ついとんねんで。
J⑩ ちっちゃあ～いやつ。
E⑪ ぬかが、米について
B⑫ 先生、手でこすればええやん。
E⑬ 四角いところにぬかがたまってくるねんで。
J⑭ ……
E⑮ 下に。
教⑯ 精米機にかけたら、ぬかがとれて、白い米になるということ？（多くの子が「そう」と返事する）
B⑰ 手でこすればいい。つめでやった方がええねんで。
E⑱ つめでやったって、駄目なんやで、たわしで磨いたらええねん。
B⑲ ほんまや、たわしで磨いた方がええわ。たわしで磨いた方がええわ。

その後、子どもたちに教師の方から、「どちらの米（白い米・黒い米）が食べたいか」を尋ねてみた。

□白い米と黒い米、どちらの米を食べる?

次に示したのが、その時の様子である。

G① ぼくは白い米で、黒い方、もしまずかってな、残してしまったら、もったいないから。
Q② まずかったら、じゃ、ほかせばいい。
P③ ほかせばええんと、ちゃうん。ほかして、また作ればいいねん。
F④ あんな、私は両方食べたい。なんでかいうたらな、どっちがおいしいかまずいか、分からんから。
E⑤ あんな、Fちゃんにいうけど、白い米はいつでも食べとると思うで。
Q⑥ だから、どっちがおいしいかや。
A⑦ ほんまや。
J⑧ そやから、ぼくら、黒い米、食べてないやろ。
F⑨ でも、味が違うかもしらへんで。
M⑩ 私も、Fちゃんと同じで、どっちがおいしいかわからへんから、どっちもがいい。
L⑪ 白い米の方がいい。黒い米、まずかったらな、給食もな、いっぱい残ったりするかもしれないから。

…………………………………………………………

──略──

E⑫　先生、飯ごうで炊いてみたら、飯ごうはおいしいで。ぼくは、黒い米を食べる方がいい。訳は、ぼくはな、黒い米、一回も食べたことがないから、黒い米、食べたい。まずかっても、食べるねん。

Q⑬　おいしかったら、おかわりするん。

L⑭　……

H⑮　まずかったら、おかゆにしたらええ。

F⑯　E君、それってな、P君と考えたん。

E⑰　P君がゆうとったけどな、砂糖につけてたべたらいい。

P⑱　うん、まずかったら砂糖をつけて食べたらいい。

K⑲　私は、白い米の方がいい。訳は、G君と同じで残したらもったいない。

E⑳　ちょっと、先生、Rちゃんと J君に質問してもいい。白米、残せへんといっとったけど、もしも、残したら、どうするん。

R㉑　先生に食べてもらえばええ。

P㉒　先生、ガブガブ、ガブガブ。

F㉓　P君な、家で食べよるときには、ご飯がまずかったら砂糖をかけよるん。

P㉔　うん。それでも、まずかったら醤油をふって。

B㉕ P君、まずかったらふりかけをすれば、……。
D㉖ あんな、黒い米を食べたい。E君と一緒で、一回も食べたことがないから。
I㉗ 両方食べた方がいいとちょっとにているけど、どっちでもいいと思う。黒い米の方は栄養があるし、白い米の方はおいしいから。
B㉘ あんな、白い米の方がええ。訳はな、黒い米、まずそうやから、見ただけでも、まずそう。籾殻が入っとるし。

子どもたちの間では、黒い米を食べたいという意見が大半を占めた。もちろん、両方を食べて比べたいという意見も含めてのことである。白い米だけを食べたいという意見は少数であった。

翌日から、白い米を食べたいといったB児たちは「白い米づくり」を始めた。

「先生、つめで削ったら、白くなったで」

「先生、はさみもええで」

B児たちは、一生懸命白い米づくりをしていた。できた白い米は、少しずつフィルムケースにためていった。E児やA児たちも、白い米を集めはじめた。もちろん、活動はなかなか進まなかった。この時点で、白い米（白米）は、ほんの少ししかできていなかった。この調子では、玄米を食べるしかないと思った。

□朝の会で「農薬について」発表

そんな活動をしていたある日、H児が農薬について調べてきた。

「先生、お母さんに聞いてきたで」

その日の朝の会は、H児の発言からはじまった。

「のうやくをつかっていない米なら、ぬかもえいようになるから、げんまいのまま食べられるけど、のうやくがつかわれていると、ぬかにたくさんののうやくがのこっているので、きれいに米をついて食べたほうがけんこうにためになる」

H児は、精米しないと、米の胚芽に農薬がたまっているということを必死になって訴えていた。だから、白い米（白米）は、胚芽の部分が取られているというのである。

F児は、さっそく教頭先生の所へ行った。もちろん、「学校で作った米に農薬が使われたかどうか」を確認するためである。F児は戻ってくるなり、みんなに、「つくった米には、農薬が使われていたこと」を報告した。その後、子どもたちはグループごとに何か話し合っていた。もちろん、農薬が不安になったようで、これからのことについて相談していた。

「黒い米の方が健康にいい」と聞いていたI児たちは、下校途中に、さっそく農協へ質問に行った。I児・F児を先頭に、J児・D児・K児・L児・G児が同行した。

翌日、J児たちは、真っ先に報告に来た。

「先生、昨日笑われたでな」
「先生、食べられるんだって。農薬は、虫を殺すためにまくんだって」
「農協のおじさんは、大丈夫だといっていたで」
と話した。また、J児は、家でお母さんからも食べられることを聞いてきた。J児は、少し太っていたことから、家で玄米を食べていたのである。E児たちは、下校途中のおばあさんを訪ねていた。彼らは、おばあさんから家に貼ってあった農薬に関するポスターを使って、いろいろなことを教わっていた。

M児は、家のすぐ近くのおばあさんに農薬のかかった玄米が食べられるかどうかを尋ねてきた。今度は、N児やO児、さらには、P児たちも、また聞きに行く計画を立てている。さて、これから、どうしようか。次第に、食べられるという意見が強くなってきた。

だが、ここで、もう一度田んぼの所有者を訪ね聞いてみようということになった。放課後、数人の子どもたちと一緒に所有者の家に行き、「玄米が食べられるかどうか」を尋ねた。すると、所有者の方は「大丈夫だ」という返事であった。所有者の方は、「学校での活動であるため、いつもより、農薬の散布量を少なくしている」とのことも話された。

でも、不安はまだ残った。再度、農協と農業試験場に確認することにした。すると、そこでの返事も、職員の方は「大丈夫だ」といわれた。

□みどりの米

しばらくして「みどりの米」についても、家で聞いてきたことを話し合った。この時は、学校の近くのおばあさんにも来てもらった。このおばあさんは、E児たちが下校途中に何度も訪ねてよくお世話になっていた人である。

次に提示したのは、子どもたちの話し合いの様子である。

Q① えっと、みどりの米は、どうなんですか。

F② みどりの米は、つぶして粉にして団子にして食べていた。

Q③ どうやって、粉にしたのですか。

F④ 臼で摺って、粉にしていた。

J⑤ このやつ、このやつ。

E⑥ みどりの米をつぶして、粉にして、それで、どうやって団子にしたんですか。

F⑦ そこまでは、まだ聞いていません。

J⑧ 予想でいい？　たぶんやで、え〜とな、粉をな、水と粉を混ぜてまるめて食べていたと思います。

D⑨ みどりの米は、食べられないといってたけど。

〈えっ。食べられるで〉

P⑩　食べられへんねんで。
P⑪　みどりの米、食べられるのん？　でもな、家のおばあちゃんに聞いてんけどな、食べられへんといっとたで。
F⑫　でも、私らが聞いたおじいちゃんは、そういっていました。

この後、子どもたちは、みどりの米がおやつになると分かってきたことから、米から作られていた昔のおやつに興味を示し始めた。Q児はお父さんから「ほしいい」の話、L児は、昔のお菓子について聞いてきた。

三月になって、J児があまり動かなくなってきた。どうしてかと尋ねると、J児があまりにもいろいろおばあさんに尋ねるもんだから、おばあさんは、J児がうるさく感じるようになってきたそうである。

□祖父母とのご飯作り会

三月十五日、子どもたちは、おじいさんやおばあさんと一緒にご飯作り会をした。おじいさんやおばあさんたちのおかげで、白米も用意することができた。一つのグループは、釜を使って玄米と白米を炊いた。もう一つのグループは飯ごうで玄米と白米を炊いた。H児は竹を使ってご飯を炊いた。H児は家で竹ご飯作りを体験してきていた。

しばらくして、E児が

「先生、玄米ご飯、うまく炊けてるで」

といってきた。続いて他の子が
「先生、これ味見してみ」

「先生、玄米ご飯、おいしいで」

とうれしそうに話しかけてきた。

H児は、

「先生、少し食べ」

といってきたので、少し食べさせてもらった。

できあがったご飯は、おばあさんたちの提案で、おにぎりを作ることになった。子どもたちも手伝った。「あつい」「あつい」といいながら、おにぎりをこしらえていく。やっとできあがったおにぎりを全員で食べた。

「J君はまずいというとったけど、本当はおいしいやん」

「もっと、まずいかと思っとったで」

「ぼくは、やっぱりおいしくない」

とJ児。

それぞれが自分の思いを話しながら食べていた。おばあさんたちが持ってきてくれた「たくあん」などの漬け物といっしょに食べた。みんなでいっしょに食べた後、おじいさんやおばあさんにいろいろな質問をした。祖父母とのご飯作り会は、子どもたちにとって楽しいひとときとなった。

子どもたちの活動から

一連の活動を通して、子どもたちにはさまざまな疑問が生まれている。ここでは、主なものを取り上げて検討したい。

まず、「籾が赤くなったことから、どうして赤くなったのか」という疑問である。この疑問については、子どもたち同士で話し合った後、家の人に質問している。その結果、「籾が腐ったことから赤くなった」ということが分かってきた。後ほど、この赤くなった原因をさらに詳しく調べてみると、「フザリウム属菌による苗立ち枯れ病」ではないかということであった。原因としては、「低温（特に一〇度以下）や乾燥と加湿を繰り返すことにより発生しやすい」ということを教えていただいた。そういえば、寒い冬の教室の後ろに、水につけた籾を置いていたことからすると、この原因に当てはまる。

次に出てきたのは、B児とC児が発見帳に書いてきた疑問である。B児はお母さんとの話から、「ぼくは、のうやくを食べているのか」という疑問をもつ。さらに、家にある米と学校にある米との違いに気づき、「どうして、家の米と学校の米とは色が違うのか」ということが気になっていた。また、C児は友だちとの話から、「『きみどりの米はくさっている』という友だちの話は本当か」という疑問をもつ。

「ぼくは農薬を食べているのか」という疑問については、家での聞き取りをそれぞれの子どもたちが行っている。家の人からは、農薬が「体に悪い」「米に付いている虫を殺すためにまいている」等のことを知る。また、「黒い米と白い米の違い」から、黒い米（玄米）は栄養があるということが分かってくる。また、黒い米（玄米）のまわりの糠をとると、白い米（白米）になることも分かってきた。さらに、子どもたちの中には、糠の活用方法について調べる子も出てきた。

その後、教師から子どもたちに「どちらの米が食べたいか」を尋ねている。その結果、黒い米（玄米）を食べたいという意見が大勢を占めた。その理由として、「玄米には栄養がある」「一回も食べたことがないから食べてみたい」という意見が多くあった。それに対して、白米を食べたいという理由には、「玄米はまずそうだから食べたくない」「玄米を食べて、残したらもったいない」という意見があった。

そんなある日、F児がさらに、農薬について聞いてきた。F児がそのことを朝の会で発表すると、子どもたちは再度「黒い米（玄米）は本当に大丈夫か」という不安を持った。そこで、子どもたちは農協や近くの農家のおじいさんやおばあさんに尋ねている。その結果、黒い米（玄米）も白い米（白米）も食べられるということを聞いてくる。だがさらに、「米の安全性」を確認するため、田んぼの所有者を訪ね聞いている。その結果、「大丈夫である」ことを確認し、玄米を食べてみようということになった。

もちろん、F児の発言は重要であった。事実、農薬を散布して生産したことを前提にすれば、玄米は白米よりも残留農薬が多いことは明らかである。農協等でのお話では、「国の定める農薬の使用基準を守っていれば大丈夫である」とのことであったが、考えさせられる問題であった。

栄養面を考えれば、玄米の方がよい。だが、残留農薬のことを考えれば、白米の方が健康に良いといえる。ただ、農薬の散布量が少ないのであれば、必ずしも玄米よりも白米の方が健康に良いとはいいきれない。なぜならば、白米よりも玄米の方が栄養素が豊富に含まれているからである。また、「国の定める基準に従って農薬を散布し収穫した玄米が安全な食品か」と問われれば、安全であるといえる。厚生労働省では、残留農薬の安全性評価のために、一日の摂取許容量（ADI）を決めている。人間が一生摂取しても許容量をオーバーすることがない基準である。それに従って法律が定められている。私たちは食生活において、農産物の生産過程で農薬の使用を避けることができない以上、摂取基準に従うしかないように思う。

C児の「みどりの米は腐っているのか」という疑問については、これまでと同様に家で聞いてきたことを学級で発表している。この疑問では、家庭によって対応が異なっていた。みどりの米を団子にして食べていた家庭もあったし、ニワトリに餌として与えていた家庭もあった。

最後に一言付け加えておきたい。P児についてである。当初、ほとんど発言しなかったP児が発言の回数を増やしている。このP児の発言は、どのようにすればおいしい食べ方になるかを自分なりの生活経験を通して発言している。人間が生きてきた過程で、よりよい食べ方の工夫をしてきたことを考えると、さらに美味しくしていこうとする姿勢は大事な点だと思う。

(2)算数科　わり算（四年生）　平成〇〇年度
――一個30円のあめが、一個しか売っていなかったら、どうするんですか

子どもたちの学習の流れ

四年生の「わる数が2けたのわり算」の授業でのひとこまである。

『80÷30』＝『2……20』に、なぜなるのか」という問題を考えていたとき、A児が自作の10円玉とあめを黒板にはって説明した。

「男の子が80円持っています。一個30円のあめを3個買うと、90円になって、お金が足りなくて、2個買えて、2個……あまり20円になります」

と説明した。

これに対して、B児は次のように質問した。

「一個30円のあめが、一個しか売っていなかったら、どうするんですか」

B児は、算数があまり得意ではなかったが、本当によく頑張っている子である。質問もよくするし、予習も本当によく頑張っていた。

B児は、自分の生活から、この質問が生まれたのだろう。自分がお店に行って、「もし、あめが一個しか売っていなかったら、どうなるのか」と考えたように思う。算数で躓《つまず》いている子は、自分の生活経験から不思議に思っていたことがたくさんあるのではないだろうか。A児は、B児の質問に対して、次のように答えた。

「80÷30＝1……50」

「一個しかなかったら、たぶん、この子は、一個買って、おつりの50円を持って帰ったと思う」

と答えた。

B児の疑問について

このB児にとっては、「あめが一個しか売っていなかったら、どうなるのか」と考えていくことが、B児にとっての学びの道筋であるように思う。B児は、自分の気にかかることを質問することを通して、わり算の意味がよりわかりやすくなっているのではないだろうか。子どもたちの心の中は、いろいろな思いでいっぱいである。

B児は自分の質問を通して他の子にも影響を与えている。B児の質問に対して、何人か

の子は一瞬立ち止まって
「どう答えればいいのだろうか」
と考えたことであろう。この場で説明したA児は機転を利かせて答えているが、他の子も同様に答えられるとは限らない。このことによって、他の子も、さらに、わり算の意味がはっきり分かるようになると推察する。

実は、分かっていると思っていたことが、分かっていないことが多くある。その子にとっての切なる質問が決してその子だけの質問で終わらない場合が多くある。他の子にとっても同様である。そのことを肝に銘じておきたい。だからこそ、自分の分からないことや疑問をきちんと発言していくことの大切さがここにある。

もちろん、一人一人の質問を聞くことは難しい。だが、少しでも多くの子どもたちの質問を受け入れることこそ、大切である。

(3)社会科　日本の農業（五年生）平成十三年度（二〇〇一）

概要

これは、五年生の社会科「日本の農業」の授業記録の一部である。三人の子どもの疑問に注目して読んでほしい。E①児とH②児とN⑩児である。次に設定した課題は子どもたちで話し合って考えたものである。

課題 〈農薬は使うほうがいいのか、使うべきではないのか〉

子どもたちの話し合いの流れ

A児の「肥料でも自然破壊しているから、もう農薬は使うべきだ」という発言からこの話し合いが始まった。しかしながら、数名が「農薬は使うべきではない」と発言する。その理由として、「今の農薬は、環境が破壊される」「人体にもよくない」「農薬を使わなくても収穫する方法はある」等の発言が出た。さらに続けて、B児がA児に対して「A君は自然を破壊してもいいのですか」と詰め寄る。それに対して、A児は「農薬をやめたとしても肥料があるから、どうせ破壊されるのは一緒だ」と言い返す。これに対して、C児が「合鴨などの利用によって環境によい米作りはある」と発言していく。しかし、この発言に対しても、D児が「きちんと検査しているから大丈夫だ」と言い返す。

しばらくした後、E児が次のように発言する。

E① 農薬をまかないほうがいいと思います。訳は、農薬をまくと、田に農薬がしみこんで、それが雨で流されて、野菜畑にいったり、川に流れたりしたら、川にいた魚が死んでしまったりしたら、環境破壊になるからです。「安全な農薬はないのか」という疑問を持って（調べていると）パラチオンという農薬は一九五二年に誕生したけど、その農薬のせいで五〇〇〇人以上の人が死んでしまったので、一九七一年に使用禁止になりました。農薬はしょせん、毒だったのに、お百姓さんはそれを承知で受け入れたので、「それはなぜか」と疑問に思っていて、田んぼから虫が一匹もいなくなることを強く願っていたのかもしれないけど、その結果は、多くのお百姓さんが命をおとして体をこわしました。そして、虫なども大発生したり、土の中から、ＤＤＴなどが検出されたりしました。

このＥ①児の発言の後、Ｆ児が「農薬を使わないと収穫量が減る」と発言する。だが、Ｇ児が「収穫量が減っても体に悪くない米は作れると思います。それは、どうなんですか」と訴える。これに対して、Ａ児は「Ｇちゃんは、農薬を使った米を食べていると思うけど、病気になったことがあるのですか」と言い返す。さらに、「農薬をやめろというのであれば、車だって環境に悪いのだから、車も乗るのをやめろと言いたい」と発言する。

次に、Ｈ児がＥ①児の発言で気にかかっていたことを質問するところから、子どもの発言を掲載する。

Ｈ②　Ｅちゃんに質問します。ＤＤＴとは、何のことですか。

E③ エンドリンやDDTというのを広辞苑という辞書で調べても載ってなかったので、これは、またこれからよく調べたいと思います。

I④ A君に質問します。自然が破壊されて、このままいくと、米を作る田んぼまで破壊されるんじゃないですか。

A⑤ 農薬をいつもまいているから、そんなことはないと思います。

J⑥ 私は、農薬を使わない方がいいと思います。訳は、私は米を食べて病気にかかった人はないけど、いつかは、病気にかかったりするかもしれないから、農薬を使わない方がいいと思います。

K⑦ 私は、農薬をあまり使いたくないけど、使わないといけないと思う方です。訳は、農薬を使わないと、収穫量が減ってしまうので、農薬をあまり使いたくないけど、使うという農家でも、少しでも人間の体に問題がないように、少しの量の農薬をまいているそうです。こうして農家でも食べるお米のことを考えて農薬をまいています。そういうふうにして、人間の体に害のないように考えて、農薬をまいているんだから、農薬をまいてもいいんじゃないかと思います。それに、農薬を使わなければ、害虫にやられてしまいます。だからといって、たくさんの農薬をまくと健康に悪いです。こういうふうに考えると、農薬を少しでもまくということは、どちらにもいいことだと思います。

L⑧ ぼくは、農薬を使うほうに賛成です。訳は、今は、田植えをする人がほとんどお年寄りで、そのお年寄りの人ががんばって田植えをしているのに、収穫量が減ったら、かわいそうだからです。

M⑨ ぼくは、農薬を使うべきではないと思います。訳は、中毒に対しては、動物実験でフェノバルビタール製剤の投与が有効であると報告されているから、農薬を使うべきではないと思います。

N⑩ 農薬を使った方がいいという人に質問します。農薬は高いのに、なぜ、買うのですか。

A⑪ 雑草や害虫を防ぐために、それが高くても、米を売った方がたぶん、もうかると思います。

O⑫ Nちゃんにいいます。お父さんに聞いたんだけれど、今は、無農薬の米の方が高いそうです。

B⑬ 私は、農薬を使わない方がいいと思います。訳は、農薬を使って米作りをすると、その米を食べた子どもたちや赤ちゃんが、アレルギーになってしまうけど、米を無農薬米や低農薬米に切り替わることによって、アレルギーが治るから、そんな辛いことをするよりも、無農薬米や低農薬米に代えて、アレルギーを治した方がいいから、農薬を使わない方がいいと思います。

P⑭ 私は、農薬を使わない方がいいと思います。害虫や雑草がはえるから農薬を使うというのは、間違っていると思います。農業をしている人たちは、おいしいお米を食べてほしいと思うから、たぶん、私は、農薬を使わない方がいいと思います。

子どもたちの話し合いについて

この授業では、〈農薬を使ったほうがよいか〉〈農薬を使わないほうがよいか〉ということに対して自分の思いを理由づけて発言している。子どもたちは子どもたちなりに説得方法を模索し発言している。

ただ、ここでは三人の子どもの疑問に注目したい。

まず一人目はE①児の発言である。彼女は「農薬をまかないほうがいい」と発言した後、その理由として、環境破壊につながると指摘している。さらに、彼女は「安全な農薬はないのか」という疑問を持ち調べていくと農薬のせいで多くの人が亡くなり、パラチオンという農薬が使用禁止になっていることが分かってくる。そこで、彼女は、さらに、「農薬はしょせん、毒だったのに、なぜ、お百姓さんたちはそれを承知で受け入れたのか」という疑問をもつ。

彼女の発言を通して、「いろいろな側面からよく考えている様子や追究していく姿勢」を垣間見ることができる。E児には、考えを進めていくうえで二つの疑問がでている。一つは、「安全な農薬はないのか」で、もう一つは「それはなぜか」という疑問である。このことは、E児が自分なりの問題意識をもって学習に取り組んでいることが分かる。ここに疑問を持つことの重要性がある。ただ、このE児がこの授業で発言したのは、この発言とDDTの質問に対して答える場面だけである。どうして発言しなかったのかということが気にかかる。ただ、E児にとっては、農薬は使用せざるを得ないという思いがあったと推察する。だからこそ、E児なりの葛藤があったのであろう。

二人目は、N⑩児の疑問発言である。彼女の発言によって新たな展開を示唆している。彼女の発言は次のようなものである。

「農薬を使ったほうがいいという人に質問します。農薬は高いのに、なぜ買うのですか」

この発言の背景には、「農薬は環境によくないのに、なぜ、高い農薬を買ってまで使用するのか」という思いがN⑩児にある。もちろん、これはN児の素直な発言であろう。ただ、この疑問に対して、A⑪児は、「農薬は高くても、米を売った方が儲かるから」と言い返す。しかし、O⑫児が、「無農薬の米の方が高いそうです」と暗に「なぜ、農薬を使うのか」という疑問に迫る。「無農薬の方が、環境にも良いし、米も高く売れるし、さらに、農薬代で高いお金を使わなくてもよい」というのがN児とO児の思いなのであろう。

ここで、A児たちの発言は窮することになる。この後、B⑬児が「アレルギーという視点から農薬を使わない方がよい」ことを指摘する。さらに、P⑭児が、「農業をしている人たちは、おいしいお米を食べてほしいと思うから、私は農薬を使わない方がいい」と発言し、A児たちの「農薬を使うべきだ」という思いを立ち止まらせている。

ただ、ここでの話し合いには問題が残る。確かに、無農薬で収穫すると高く売れるが、収量から考えると出荷額が増えるとは限らない。しかも、無農薬での収穫は、収量を増やそうとすると重労働になる。A児たちは、N児とO児の発言によって簡単に納得してしまうが、子どもたちに十分な調べができていたら、このような結果には至らなかったであろう。だからこそ、N児の疑問発言には意味がある。

「なぜ、高い農薬まで使って、米作りをするのか」

という問いかけに対して、きちんと調べていなかった証であろうし、これから調べていく必要性を示唆している。もちろん、一軒の農家を調べてわかったつもりになるのではなく何軒も調べていく必要がある。このことによって、農家の人たちの思いにも迫ることができる。つまり、問うこと（疑問を出す）ことによって、新たな展開を生み出している。今まで気づいていなかった部分である。もちろん、この一連の過程は子どもたち自身が問題を提起しながら、子どもたちで問題解決を図っているところに意味がある。

また、このＰ⑭児の発言も興味深い。このことを当時の農家の人たちに尋ねたらどう答えるだろうか。当然、農家の人たちにとっては、さまざまな思いがあるだろう。ただ、農家での働き手が高齢化しているという現状を考えると、どこまで消費者のことを考えて生産できるかという点では問題がある。生産するのが精一杯と答える農家もあるだろう。

ただ、このＰ児の言葉には重みがある。「生産者（販売者）が消費者のことを考えて生産（販売）することがどれほど大切か」という点である。以前、さまざまなお店で産地偽装問題があった。大企業では粉飾決算が明るみに出てきたこともあった。建造物データ偽装の問題もあった。やはり、長い目で見ると、「消費者からの視点で常に考える」ことがどれほど大切であるかを示唆している言葉である。目先のことを考えて経営していると、いつかは失敗するように思われる。それゆえ、Ｐ児のこの発言は、Ｐ児の純粋な言葉であるが、決して見逃してはならない重要な言葉である。

三人目は、Ｈ②児の質問である。「疑問は難しい」という人がいるが、まず、この子のように分からない語彙の質問から発言していけばよいように思う。よくできる子でも分かっていないことがよくある。多くの子がおそらく「ＤＤＴ」のことについて理解できていないはずである。だからこそ、Ｈ②児の質問も大切であるということである。このような質問のできる学習環境になっているならば、子どもたち同士の人間関係もきちんと成立しているように思う。

(4)社会科 日本の歴史（六年生）平成八年度（一九九六）
――羽柴秀吉と黒田官兵衛の播磨平定（戦国時代）

概要

はじめに、「なぜ、このような授業に取り組んだのか」という理由について述べておく。もちろん、端的に言えば、歴史をもっと身近なものに感じてほしかったからである。小学校六年生の歴史の教科書に出てくる内容といえば、戦国時代を例にすれば、信長・秀吉・家康など播磨の地域から遠く離れた人物であり、登場する地域も、滋賀・岐阜・愛知・大阪等であり、播磨地域で活躍した人物や地域の出来事は全く登場しないという点にある。そのため、子どもたちにとって、歴史が自分たちからかけ離れたものとなり、身近なものとして感じられないのが実状であると思ったからである。

子どもたちが歴史に興味を持ち、歴史が身近なものになっていくためには、地域の歴史を掘り起こし教材化していく必要がある。子どもたちが実際に自分の目で見、肌で感じることができれば、さらに地域の歴史に興味を持ち、地域を愛する心を育むことができるように思う。

このような理由から、教材化に取り組んだのが「羽柴秀吉と黒田官兵衛の播磨平定」という学習である。

戦国時代、播磨地域にも有力な武将がいた。三木城の別所長治、御着城の小寺政職である。さらに、隣の摂津の国には有岡城（兵庫県伊丹市）の荒木村重である。しかも、この播磨の地が、織田方と毛利方との決戦の場であった。

当初、ほとんどの有力大名が織田方についていたが、途中から織田方に反旗を翻して、毛利方に付くことになる。だが、小寺政職の家老であった黒田官兵衛のみが一途に織田方に付いて、秀吉の片腕となって活躍する。

次に提示したのが、授業の一部である。

課題

〈なぜ、黒田官兵衛は織田信長を裏切らなかったのか〉

子どもたちの話し合いの一部

授業では、次のような発言があった。

A① 官兵衛は、なぜ織田方を裏切らなかったかで、予想は信長が強かったから裏切らなかったんじゃないかなということで、訳は、朝倉攻めで失敗してから、たった二ヶ月足らずで軍勢を再結集して、浅井長政を倒すために出陣したと書いてあって、二ヶ月足らずで軍勢が三万人集めたと書いてあったので、そんな短期間で軍勢を三万人も集めたから（信長は）強いと思いました。（だから、官兵衛は信長

を裏切らなかったと思います）

B② ぼくも、「なぜ、黒田官兵衛が織田信長を裏切らなかったか」で予想は、「官兵衛は、信長が天下をとると思っていたんじゃないか、また、信長を裏切ったら殺されると思ったから、裏切らなかったんじゃないか」と考えて、調べてみたら、「信長は裏切ったら裏切ったやつを殺しにいく」と書いてあったので、「予想があっていた」と思いました。（やっぱり、官兵衛は、信長が怖かったから、官兵衛は信長を裏切らなかったと思います）

C③ 私は、官兵衛が「なぜ織田方を裏切らなかったか」の予想で、信長と意見があっていたので裏切らなかったんじゃないかなと予想をたてて、それで調べてみると、信長の性格は激しい性格とか言葉や態度が荒々しいと書いてあったけど、官兵衛の性格は、人をむやみに殺すのはきらっていたと書いてあって、性格が全然違うんだなあと思いました。私の予想は外れていて、そこで思ったことは、織田信長は、激しい性格だったから、人を殺すことぐらいどってことない、人を殺すのがはげしいんじゃないかなと思って、官兵衛は、信長に反旗を翻さずに、よくついていったなあと思いました。

B④ Cさんに質問だけれど、「人を殺すのがはげしい」とは、どういう意味ですか。

C⑤ すぐに、自分が気に入らなかったりしたら、その人を殺していたんじゃないかと思いました。

D⑥ 織田信長を裏切らなかった訳は、予想で「勢いがあって、もし、毛利軍についても信長が絶対に勝つ」と思っていたから（毛利軍についても負けると思っていたから）、信長方についた。だから、信長を裏切らなかったと思いました。

E⑦ 「黒田官兵衛と信長は、戦い方が全然違うのに、どうして官兵衛は信長を裏切ったりしなかったのかな」と思いました。

F⑧ 私も、黒田官兵衛は、なぜ、織田方を裏切らなかったのかで、いままでいろんな意見がでてきたけど、織田信長が怖くて、裏切ったら殺されるとかは、あまり簡単すぎると思ったから、最初に立てた予想は、信長が鉄砲などを早く取り入れていて強かったので、官兵衛は信長が一番に天下をとるだろうと見抜いていたからではないかなと思ったけど、このごろは、官兵衛の性格を調べてみたら、人を殺す気が全くなくて、……すごい性格だったので、そういう性格に関係するような、もっと深い理由があるんじゃないかなあと思いました。

G⑨ 私は、黒田官兵衛は、なぜ、織田信長についたのかで、予想は、黒田官兵衛も織田信長もキリスト教を信仰していたからじゃないかなと予想して、分かったことで、黒田官兵衛のキリスト教のことを調べてみると、子の長政もキリシタンであったことを見ると、その信仰心は、本物だったことが分かると書いてあって、黒田官兵衛は本当に信じていたみたいだなと思って。織田信長のキリスト教のことを調べてみると、キリスト教の宣教師が持ち込んだ外国の珍しい品物や文化を手に入れるために、信仰していたと書いてあったので、織田信長はキリスト教を本当には信じていなかったみたいと分かって、それで、そこからの疑問で、黒田官兵衛は、織田信長のキリスト教に対する態度に怒らなかったのか。予想は、信長のキリスト教に対する態度は、官兵衛にばれなかったのではないかと思いました。

F⑩ Gさんに質問だけれど、私もキリシタンのことは、この間調べたんだけれど、黒田官兵衛は、キリシタンになる前は、仏教者であって、それで、キリシタンになった後も、クリスチャンネイムと法号《ほうごう》をいっしょに使って名前をつけていたことが分かったんだけれど、Gちゃんは、そのことに対してどう思いますか。

G⑪ 私も、そのことを調べたら書いてあったんだけど、官兵衛は仏教とキリスト教を両方信じていて、織田信長は仏教が勢力をますのを恐れていたから、キリスト教を信仰したと思う。黒田官兵衛はキリスト教も信仰していたし、仏教も信仰していたので、織田信長は怒らなかったのかなあと思いました。

B⑫ Gちゃんに質問なんだけれど、本当に黒田官兵衛は、それだけの理由で信長を裏切らなかったのですか。

G⑬　私は、他にも、キリスト教だけじゃなくて、他のも、裏切らなかったのはあると思う。例えば、私が調べたのは、信長には、「勢いがあった」のと「信長の軍には規律がいきとどいていた」というのと、「毛利軍には、覇気が見られなかった」というのと、「吉川元春・小早川隆景の両者はすぐれていたが、当主輝元には器量がない」ていうのが……。

子どもたちの話し合いについて

この授業では、提示した疑問（なぜ、黒田官兵衛は織田信長を裏切らなかったのか）に対して一つの正解を求めているのではない。いや、この疑問に対して一つの正解というものがないかもしれない。ただ、言えることは、子どもたちがさまざまな歴史的事実を調べていく中で、どれだけ理にかなった説明ができるかということにある。

ここでは、三人の疑問に注目してほしい。まず、一人目は、E⑦児の発言である。この発言は、C③児の発言を受けて発言している。C③児は裏切らなかった理由を二人の性格があっていたと予想するが、調べてみると、二人の性格は全く違っていると分かり、「官兵衛はよく信長についていったなあ」と自分の思いを語る。もちろん、このC③児の内面には、二人の性格からすると、「官兵衛が信長を裏切らなかった理由にはならない」という思いがある。否むしろ、言い方を変えれば、官兵衛は信長を裏切ってもおかしくないという思いがある。

続いて、D⑥児が、また「信長が絶対に勝つと思ったから」と発言するが、ここで、E⑦児が、「戦い方が全然違うのに、どうして信長を裏切ったりしなかったのか」という疑問を投げかける。D⑥児は、A①児やB②児の発言を受けて発言している。A①児は、官兵衛が信長を裏切らなかった理由を強かったからだと発言し、その訳を「浅井長政との戦い」を例に示している。A①児は具体的に説明していて、説得力のある発言である。

だが、E⑦児にとって、二人の戦い方から判断すると、「官兵衛が信長を裏切らなかったのは、信長が強かったから」という理由では納得できなかったようで、C③児に続いて疑問を投げかけている。

E⑦児の発言は、C③児の発言の後、D⑥児が「信長が絶対に勝つと思ったから」と発言するが、再度、問題を提起しているところに意味がある。自分の納得できないことに対して、臆することなく疑問を投げかけるのは大事なことである。

このE⑦児の発言は、次のF⑧児の発言につながることになる。このように自分の納得できないことを勇気を持って発言することによって、さらに、新たな展開を切り開くことがある。ここでのE⑦児の発言は、毅然とした否定的な発言ではないが、もう一度考えるべきではないかといった様相を呈している。このE児にとっては、勇気のいる行為だったかもしれない。

ここで、この発言がきっかけとなって、新たな視点へと話し合いが進んでいる。つまり、「信長が強いから、官兵衛は裏切らなかった」という視点から、「官兵衛の性格から信長を裏切らなかった」という視点である。もちろん、官兵衛がキリスト教を信仰していたからということも、宗教を心の拠り所としてとらえるならば、官兵衛の性格という視点から考えることもできる。官兵衛は、織田方についた時点でキリスト教に入信していたとはいえない。ただ、官兵衛が二十歳頃よりキリスト教に出会っていたと資料（第5章5）からは見て取れる。子どもたち自身が新たな視点を切り開いていくことはとても重要である。いつも、教師から提示する疑問ではなく、子どもから疑問を提示していくところに意味がある。

次に注目してほしいのは、F⑧児の発言の中にある疑問である。F児は、当初、裏切らなかった理由を「信長が怖くて、裏切ったら殺されるから」と考えるが、こんな簡単な理由ではないと思い、「織田信長が天下を取るだろう」と見ぬいていたからと考え、その理由として、「織田方が鉄砲などを早く取り入れていたから」と説明している。ただ、F児は、「官兵衛の性格」を調べていると、官兵衛が織田方についた理由は、「他にあるのではないか」という思いに至っている。F児は調べていく中で、自分の考えを覆して、新たな疑問を呈しているところが興味深い。この「他にあるのではないか」という疑問の背景に、試行錯誤しながら考えている様子が窺える。ここに、F児なりの追究する姿勢が見られる。

また、F児が官兵衛の性格から考えようとしているところに面白味がある。

三つ目は、F⑩児の疑問である。F⑩児は、官兵衛がキリシタンでもあったし、仏教者でもあったことから、「そのことに対してどう思うか」とG児に尋ねている。このような発言は、学校の授業では、ほとんど聞かれない発言であろう。学校では、常に問題に対して答える形が多いからである。この質問には、友だちと一緒に考えようとする姿勢がある。自分の考えを他者と比較して自分の考えを見つめ直そうとする意図がある。もちろん、これは自分がよく考えていないと発言できない質問である。学校でも家庭でも、このような形の質問がもっと出てきてもよいように思う。

この授業では、「官兵衛が情報収集能力に優れていた」という点までは至っていない。だが、G⑬児が発言しているように、織田方の軍勢と毛利方の軍勢を調べ「織田方に味方した」とする発言も興味深い。官兵衛がどれほど両陣営の情報を収集していたかは定かでないが、「黒田家譜」を信じると、官兵衛は両陣営についてかなり情報を収集していたことが分かる。子どもたちは、子どもなりによく調べ考えている。子どもたち一人一人に問題意識があったからこそ、さまざまなことを調べることができたのだと思う。

⑸学級活動・社会科（六年生）平成○○年度
――修学旅行先（京都奈良方面）を調べる

概要

修学旅行に行く際、子どもたちは、見学先についていろいろ調べる。この学年では、寺院等を見学した際、自分の分からないことを寺務所等に行って質問している。このときのA児の発言が気になり、その当時の状況を思い起こし書き留めたものである。もちろん、推測の域を出ない箇所もあるが、想像して書いてみた。

A児の活動の様子

修学旅行の見学先である東大寺を調べていたA児が、突然、話しかけてきた。

「先生、東大寺が東の大きなお寺だったら、西の大きなお寺はあるの?」

突然の質問におもしろいなあと思いながら、

「さあ～、地図帳やガイドブックなどで一度調べてごらん」

と、さらに、自分で探すように促した。

「先生、先生、あったで、にしだいじがあったで」

「どこに、あった?」

「ここに、あるで」

「ほんまや、よく調べたね。うれしいなあ」

「それ、さいだいじ（西大寺）って読むねんで」

「えっ、さいだいじ！　先生、最初から知ってたん？」

「知ってたよ」

「それなら、はじめに言ってくれたらよかったのに」

「でも、自分で調べることが大事だからね」

しばらくして、彼女はさらに、質問してきた。

「先生、東大寺と西大寺の真ん中はどこなの？」

「え！」

私は、一瞬、立ち止まった。しかしながら、おもしろい疑問だと思った。普通なら、「東大寺があったら、西大寺があるの」という疑問を解決して終わってしまう。この子は、さらに、追求してきた。私は
「何か、百科事典などに出ていないかなあ。調べてほしいな」

といった。

すると、数日後、彼女は、家で調べてきた。

「先生、東大寺と西大寺の真ん中は、『朱雀大路』と違うの？」

「えっ！　見つけてきたの！」

正直なところ、本当に驚いた。私は、彼女にどんな本で調べたのか尋ねた。すると、彼女は、即座に、

「家にある百科事典で見つけた」

と答えた。

さらに、しばらくして、今度は、

「先生、『朱雀』の意味、分かる?」

と言ってきた。

「朱雀? 朱雀は、伝説の鳥の名前ではないのかな」

と答えると、

「先生、私、『朱雀』の意味を調べてきたよ」

と自信ありげな顔で話し出した。

「『朱雀』の意味はね。中国の伝説上の神獣《しんじゅう》(神鳥)で『南を守る』という意味があったよ」

「えー、すごいね。今度は、自分の分からないことをもう既に調べてきたんだね」

と言うと、さらに続けて、

「朱雀大路を境にして、東側を左京、西側を右京に分けられ、ここに平城京という都があったんだよ」

と、さらに分かったことを話した。

「よく調べたね。うれしいなあ」

というと、今度は、

「先生、平城京には有名なお寺は多いね」

と言ってきた。

「どんなお寺を知っているの」

と尋ねると
「東大寺、興福寺、そして、唐招提寺でしょ。そして、西大寺、そして、……」

「ほんとだね」

「……」

A児の活動について

このA児の活動は、「疑問」から「分かったこと」、「分かったこと」から「新たな疑問」が生まれている。そして、この二つの関係につながりを見せている。疑問を解いていくと、芋づる式にいろいろなことが分かってくることがよくある。そこに面白味がある。人から与えられた疑問を解決していたのでは、このようなつながりを見つけるのは難しいかもしれない。教師や親が質問し、子どもが答えているようでは、面白味も半減する。自らが提示した疑問だからこそ解決したときの喜びも大きい。

このような学習活動ができると、本当に記憶にも残るし、学習が楽しくなっていく。決して、与えられた学習ではなく、自らの求めた学習になる。もちろん、このような場合では、親や教師、周りの人の支えが必要であることは、言うまでもない。

このA児の活動は途中で途切れてしまった。教師の支援がもっとできていたら、さらに、彼女は追究していただろうと思う。東大寺と西大寺、朱雀通りから平城京が見えてくるからである。ここから奈良時代が見えてくるからである。平城京と長安京にも関心を見せるかもしれない。場合によっては、奈良の仏教（南都六宗）にも関心を向けるかもしれない。

学習が好きになるとは、自分の疑問や課題を解決していくことではないだろうか。周りの人が援助してあげると、さらに追究の芽が育っていく。

2「書くこと」を通して

発見帳

次に掲載したのは、I児が発見帳に書いていた一部である。発見帳は、家庭で分かったこと（見つけたこと）や疑問等を書くために持たせていたノートで、次の発見帳の内容は、前節1で記載した「米作りの学習（生活科）」（平成九年度（一九九七））で、I児が家で書いていたものである。

I児（二年生）の発見帳

○月○日　―さけびんとペットボトル―

どうして、米をつくとき、ペットボトルをつかってついてはダメなのかな。おばあちゃんにきいて、気にかかりました。

おばあちゃんにきいてみると、ペットボトルはやわらかいし、ふんだらすぐへっこんでしまうから、それと、米と米がこすれあって、米のぬかがとれる。でも、今のおばあちゃんよりも、昔の人たちがしていたことです。

十二月十七日　―米が赤くなったげんいんについて―

おばあちゃんにきくと、水を入れたからくさっている。かわがむくれた。かわがむくれてそれがくさる。おじいちゃんもおなじです。だから、水をぜったいいれないことです。家でじっさいにやってみます。

○月○日　―石うすの絵について―（図1）

この絵について、わたしは、さいしょ、上のもつところをもって、下の木みたいな

図1

んをふんで、お米を作るのかなあと思っていました。おばあちゃんにきくと、ビンと同じふうに、上のもつところをもって、足でふむ。そしたら、ビンと同じみたい。

○月○日　―米の色のちがい―

どうして、わたしの家でたべている米とぜんぜん米の色がちがうのかな。米のつきかたが、あまりわかっていないから、きたない色になっているのかな。ざるで、ごますりみたいなんにしたら、あかんのかな。（実際に、家でした米を袋に入れて添付していた）

○月○日　―ざる―（図2）

ざるに米を入れてやってもいいのか。ざるに入れてやったら、お米がつぶれる。

○月○日　―ぬか―

どうして、ビンとざるでためしていると、ぬかがちがうのか。ざるでやったら、米がつぶれてしまうから。つき方がちがうからかな。ぜんぜんちがうものでやっているからかな。

○月○日　―○○君たち―

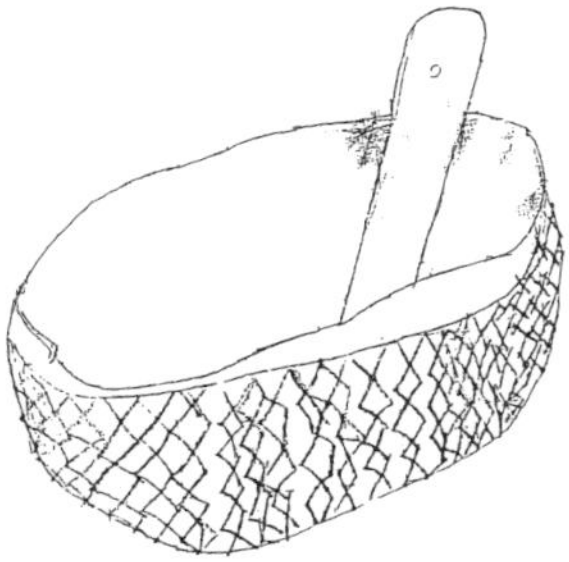

図２

どうして、○○君たちは、ぬかにこだわっているのかな。にわとりがしんぱいなのかな。ぬかをつくるのがたのしいのかな。

一月二十三日　—ぬか（つけもの）—

ぬかでできるつけものは、なになのかな。おばあちゃんにきくと、なすび・おこうこ（たくわん）などが、ぬかでできるといっていました。でも、はくさいのつけものは、なにで作っているのかなあと思いました。

二月二十二日　—米①—（図3）

米のくろくなっているところは、めというのかしんぱくというのか。さいしょは、めというほうが正しいと思っていました。でも、おばあちゃんにきくと、どちらも正しいといいました。でも、しんぱくのほうがただしいとおしえてくれました。少ししかきけなかった（第5章6・7）。

二月二十三日　—米②—

むかしの人は、みどりの米をどうしていたのか。学校のさかの下のおじいさんに聞くとみどりの米を、うすかなんかですってまるめてだんごにして

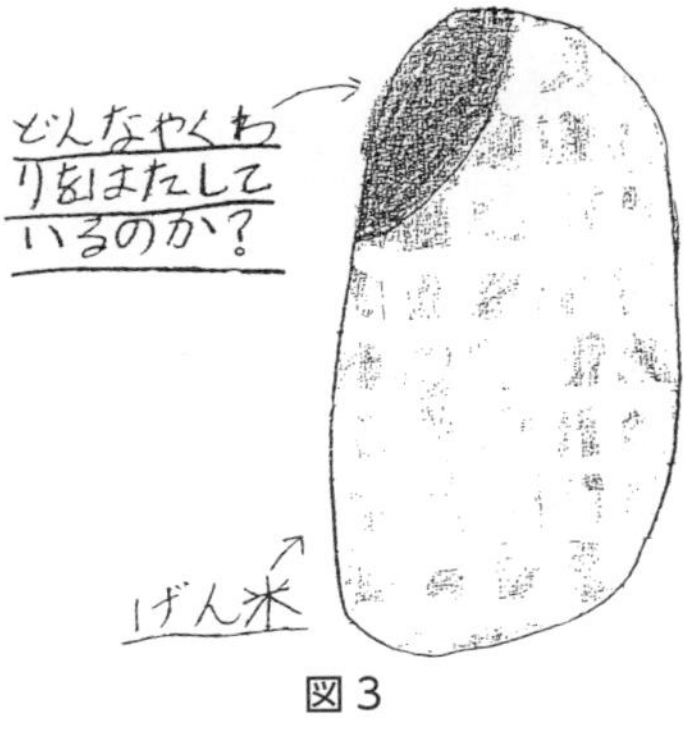

図3

食べていた。お母さんは、「こごめとちがうん?」といったので、なにかなと思った。

二月二十三日　―米③―

どうして、今でもかまで米をたいているのか。学校のさかの下のおじいさんに聞くとすいはんきでたいた米よりも、かまでたいた米のほうがおいしい。おばあちゃんも同じ。

二月二十四日　―米④―

しんぱくは、どんなやくわりをはたしているのか。お母さんにきくと、めをだすところで、人間でいえば、米のしんぞう。おじいちゃんも、めをだすやくわりをはたしている。おばあちゃんにきくと、わからないといっていた。おばあちゃんがしらんとは思わなかった。

二月二十五日　―米⑤―

こごめは、小さいつぶみたいなのか。みどりの米なのか。おばあちゃんにきくと、小さい米、お母さんにきくと、どちらもこごめといっていた。お母さんがこんなによくしっているとは思わなかった。

二月二十八日　―もち米とふつうの米とのちがい―

もち米のほうが、ねばりがある。もち米のほうが、つぶが大きい。だから、もち米でもちにする。

三月八日 —たき方—

どんなふうにたけばいいのか。まず、さいしょに、米を三〜四回こすってあらい、水かげんをちゃんとして水を入れてかまどにかける。それで、おくどにかれた松ばを入れて、マッチで火をつける。その上にたきぎを入れて、火を大きくしてわり木をくべる。そうすると、ごはんがぐつぐつとにえてくる。そうしていると、かまのふたがぶくぶくとふいてくる。そうしたら、火を小さくする。ぶくぶくがなくなるまで、小さい火でたく。これは、おばあちゃんに聞きました（**図4**）。

（注）「〇月〇日」となっているのは、I児が記載していなかったためである。また、挿絵はI児が描いたものである。

□ I児の発見帳について

I児は、家の人とよく話しているのが分かる。自分の予想も書いている箇所があり、I児の思いやさまざまな角度から考えようとしている姿勢を垣間見ることができる。I児は自分の疑問をその都度、家の人、特におじいさんやおばあさんに質問している。I児の家は農家であり、質問できる環境にあったことが、ここまでさまざまな質問ができたように思う。

図4

当初は、家の人にだけ質問していたが、次第に自信がついたのか、二月二十二日・二十四日には学校近くのおじいさんやおばあさんに質問している。二月〇日には、友だちといっしょに農協へ行って農薬のことについても質問している。ただ、農薬に関することが、この発見帳に全く記載されていないのが気にかかることである。

米が赤くなった原因については、おじいさんやおばあさんから教えてもらっているが、自分で実際にやってみようとしているところがすばらしい。一度、人から聞いたことでも簡単に鵜呑《うの》みせずに、自分でさらに確かめようとしている姿勢は本当に大切である。二年生でありながら、このI児にはこの姿勢がある。

なお、I児の気にかかっている芽をだすところは、「胚芽」（第5章7）であるように思う。

ひとり学習

次に提示したのは、前節1で記載した小学校五年生の社会科「日本の農業」（平成十三年度〔二〇〇一〕のひとり学習の一部である。

ひとり学習は、学校の授業中に、個々それぞれが独自に学習する時間のことである。この活動によって、子どもたちが学習に対して、「問題意識を持って学習に取り組むことができるようにしたい」という意図から設けている。この時間に自分の考えをまとめたり、家で聞いてきたことを踏まえてさらに考えを深めたりしている。ひとり学習の一端を紹介する。なお、ここでは、二人のひとり学習を掲載する。

K児（五年生）のひとり学習

〈分かったこと〉

・このごろ、お米のあまりぐあいの関係で、お米をたくさん作りたいのに、つくれない家がでてきました。私の家もそうです。来年は、半分ぐらいしか作れないようになってしまうそうです。私の地区には、集団転作をしているので、私の家みたいに田んぼがかたまっている家は、お米がたくさん作れなくなっています。

〈思ったこと〉

・お米をみんながたくさん食べてくれれば、こんな転作をしないですむし、お米もおもいっきり作れるようになるのになあと思いました。

〈分かったこと〉

・外国からの米の輸入がふえてくると、その分、日本の米の売れ行きが落ちるのではないかと心配する人もいるそうです。

・お米づくりをさかんにするために努力しているのに、お米があまってしまうから、どんどんお米が作れなくなっています。

〈疑問〉

・日本の田畑（土地）を休ませても、なぜ、外国から米を輸入しているのか。

〈予想〉

・外国から勝手に米を送ってきているのではないか。
・日本のお米より、外国のお米の方がまずいと聞いたけど、今は、日本のお米よりおいしくなったから送ってくるようになったのではないか。
・外国の土地の方が面積が大きいから、たくさん作れるようになったのでないか。
・外国から米を輸入してくる代わりに、日本からも何か他のものを送っているのではないか。

□K児のひとり学習について

K児は、家の人に「米が作れなくなっている」ということを聞いたことから、この子なりの疑問が生まれている。ここでは記載されていないが、K児には「どうして、米が作れなくなっているのか」という疑問が内面に存在する。そこで、「思ったこと」で、「お米をみんながたくさん食べてくれれば……」と、米の消費量が減っていることにも、暗に言及している。しかし、調べて分かってきたことは次の二点である。

・(外国から)米の輸入が増えると、日本の米の売れ行きが落ちるのではないかと心配する人がいる。
・お米があまってしまうからお米が作れなくなっている。

そこで、K児は「なぜ、外国から米を輸入しているのか」という疑問をもつ。そして、自分の予想を立て、学級の全員に自分の疑問を提示している。その結果、友だちから次のような情報を獲得する。次に記しているのがその内容である。

Q 平成五年に国内でお米が足りなくなって、外国の米を輸入した。国際ルールによって輸入している。

I 輸入は、平成六年から始まって、このとき、米はアメリカと中国とタイとオーストラリアから輸入している。

R 日本は、儲かっているので、何かを買わないといけなくなって、外国から買うようにいわれたそうです。

S 平成五年の大凶作のときに、緊急に各国から米を輸入した。普段から米を外国から買っていたら、このように困った時に売ってもらえる。

以上が、友だちから得たK児の情報である。ここから分かるように、K児は自分の疑問を学級の全員に提示することにより、友だちからさまざまな情報を獲得している。一人で調べていても、なかなかこれだけの情報を獲得するには時間がかかる。しかし、自分の疑問を他の友だちに提示することにより、容易に多くの情報を収集することが可能になっている。

ここに、友だちと一緒に学ぶことの意義があるし、学習が深まっていくように思う。K児は、さらに、友だちから新聞に載っていた「セーフガード」（神戸新聞〔第5章8〕）の情報を獲得する。その後の感想でK児は次のように綴っている。

> 外国との貿易ですが、これは、もうやめれば問題が起こることもないんだから、やめればいいと思います。日本は他の国よりたくさん物を売っているのに、セーフガードをかけるなんて悪いと思います。だから、外国も怒るのも無理はないと思います。それでも、外国からたくさんの米や野菜が売られてくるのもいやだから、やっぱり、貿易をやめればいいと思います。
>
> 　これからの農業はつぶれてしまう可能性が高いですが、どうにかしてつぶさないでほしいです。若い人も農業をやってほしいです。

K児にとって、今の状況を考えると、「日本の農業はつぶれてしまうのではないか」という不安が心によぎっている。K児には、日本の農業を何とかしてほしいという切なる願いがある。その結果が、「外国との貿易をやめればよい」という思いにいたっていると考えられる。

もちろん、外国との貿易をやめることはできない。だからこそ、なんとか「若い人に農業をやってほしい」と思ったのかもしれない。これが、K児の追究の足跡である。

D児（五年生）のひとり学習

〇月十二日

〈考えたいこと〉

・米作りの工夫

〈分かったこと〉

・ぼくの家

ぼくの家の田んぼでは、米作りの工夫をしています。一つ目は、自然の肥料（牛ふん）などを入れて、よい土を作っています。二つ目は、田んぼの中です。大きな機械がまわりやすいように、すみにすきまをあけているのです。最後の工夫は、稲をコンバインで刈り取ってしまってから、パワーショベルで田んぼを平らにしています。田植えの前は、スコップで高いところを平らにしています。

〈思ったこと―新たな疑問―〉
・他の工夫はないのかな。
・他の県の工夫は、何かな。

○月十八日

〈考えたいこと〉
・米作りの工夫

〈分かったこと〉
・ぼくの家のおじいちゃんは、土をよくしたら稲はかってに育つと言っていました。

〈思ったこと―新たな疑問―〉
・疑問　土は、どうしたらよくなるか。
・予想　やはり、たいひ（牛ふんのこと）をたくさん入れる。

〈分かったこと〉
・自然の肥料（牛ふん）がよい。化学肥料だとあまりよくない。

〈思ったこと―新たな課題―〉
・疑問①　どうして、化学肥料はよくないのか。
　予想　化学肥料は雨できえてしまうのではないのか。
・疑問②　米が育たないのは、どうしてか。

予想　米が出来る時期でも、米が出来ないのは、何かの病気だと思う。

〈分かったこと〉

・米ができる時期に、温度が低かったら、米ができていない。おじいちゃんに聞いた。

○月十八日

〈考えたいこと〉

・農薬と公害

〈分かったこと〉

・農薬を使うと、川や海が汚れます。それに、毒性の強いものは、まいている人の体をおかし、農作物や牛乳などにしみこんで、農薬公害をおこすおそれがあります。

（小学社会科事典より）

〈新たな課題〉

・どのようにして、農産物にしみこむのか。

〈分かったこと〉

・農薬

①農作物に害をあたえる虫を殺したり、②雑草だけをからしたり、③いもち

病・いしゅく病などの菌を殺したりする薬品です。

・三十六万分の一の新農薬

現在千種類も出回っている農薬。しかし、この農薬も実は三十六万種ぐらいの中から一種類が製品としてやっと出回るぐらいなのです。薬害がテストされ、すべてのテストをパスしてはじめて、世の中に出てきます。

（小学社会科事典より）

〈思ったこと―新たな課題―〉

・三十六万種の中から一種類が製品とみとめられるぐらいだから、人の健康をよく考えているな。それから、どうやって、雑草だけ枯れさせられるのかな。

□D児のひとり学習について

D児は「米作りの工夫」について考えようとしている。おじいさんから「土をよくしたら稲はかってに育つ」という言葉から、「土はどうすればよくなるのか」という疑問をもつ。そこから分かってきたのが、「自然の肥料がよい」「化学肥料だとあまりよくない」ということであった。

そこで、D児は「どうして、化学肥料はよくないのか」という疑問をもつ。この疑問については、予想だけで終わっている。ただ、このD児の疑問は、予想で「化学肥料は雨で消えてしまうのではないか」と書いているように、D児にとって「どのようにして、化学肥料が土等に悪影響を与えているのか」という思いがある。この疑問は科学的視点からのものである。この疑問は、次の「農薬と公害」のところにもつながっているように思う。

D児は、「農薬と公害」で小学社会科事典より、「農薬を使うと、農薬公害をおこすおそれがある」ということが分かるが、また、先ほどの疑問と同じように、「どのようにして、農産物にしみこむのか」という疑問をもつ。D児にとっては、「化学肥料や農薬は、どのようにして土や農産物に問題を引き起こしているのか」という点が気にかかっている。もちろん、この点については、解決できず農薬に関することを調べている。その結果、小学社会科事典より「農薬が、三十六万種ぐらいの中から一種類が製品としてやっと出回っている」ということを知る。ここで、また、「どうして、雑草だけ枯れさせられるのか」という疑問が出ている。

D児の三つの疑問は、どれも科学的視点からのものになっている。もちろん、解決できないでいた。D児にとって、「化学肥料や農薬を使っても、問題は起きないようにできないのか」という思いがあるのだろうか。この三つのD児の疑問はD児の思いを知る手がかりになる。

授業中、「農薬を使うべきだ」と発言する子どもたちがいた。農作業をしているのは、お年寄りであり、しかも、収穫量が減ることを考えると、農薬を使わざるを得ないという思いがあった。彼らの背景には、D児のように、化学肥料や農薬が害を及ぼさない方法を模索していたと考えることができる。

学習後の感想文

次に二人の感想文を掲載する。

Q児（五年生）の感想文

Q児の感想文は、前節1で記載した小学校五年生の社会科「日本の農業」（平成十三年度〔二〇〇一〕）の学習後の感想である。

農薬について

私は、農薬を使わないほうがいいと思います。訳は、農薬を使えば草はあまりはえないし、害虫なども殺してくれるかもしれないけど、「ホタル」や「トンボ」などもあまり見かけなくて、少し減ってきていると思うからです。

ある日、私は農薬について調べようと思って、お父さんに「インターネットの使い方を教えて」

と言ったら、お父さんは、

「また、今度教えたるから、今日はお父さんがやったろ」

と言って、インターネットで調べてくれました。

お父さんがインターネットで調べた紙を見て分かったことは、農薬工業会では、現在、栽培体系の中で実際に農薬を使用しないで栽培した場合の病虫害などの被害による収量の減少や出荷額への影響について、社団法人『日本植物防疫協会』に委託し実証試験を行っていたことです。

主に、一九九一、一九九二年の両年に全国での五十九カ所で主要作物について、農薬を使用した「防除区」と農薬を使用しない無農薬区に分け収量と出荷金額への影響を比較していました。その結果、農薬なしでは、現在の生産水準を維持することは困難である（生産現場の常識をあらためてうらうちする）ことが分かりました。

私は、このことから農薬を使わなかったら大変なことになると思いました。でも、（今も）わたしは農薬を使わない方がいいと思っています。

これからの農業はどうなるのかという話し合いをして、私は、おじいちゃんに
「農業の問題点は何」

と尋ねると、おじいちゃんは、

「農業の問題点は、今やっている人の後を継ぐ人がいないことやで」

と話してくれました。
私は後を継ぐ人がいなかったら、これからの農業はつぶれてしまうのかなと思いました。私は、(無農薬で栽培している人はいないのかなあと思って)友だちといっしょに、農協へ行きました。私たちは、農協の人たちに
「無農薬栽培をしている所はありますか」
と聞いたら、農協の人が
「校区外の〇〇で無農薬栽培をしているで」
と教えてくれました。
これからも、また農薬のことを調べたいです。

□Q児の感想文について

Q児は、あくまでも「無農薬で栽培する方法はないか」ということについて思いをめぐらせている。

当初、インターネットを利用して調べようとするが、使い方が分からず父親に調べてもらうことになる。父親に調べてもらった資料から、「農薬を使わないと現在の生産水準を維持することが困難であること」が分かってくる。だが、Q児はこの結果に妥協することなく、無農薬について模索している。自分としては、「農薬の問題」が一番の問題である

と考えるが、「おじいさんは農業の問題をどう考えているのだろう」と思って、おじいさんに尋ねている。すると、おじいさんからは、「今の農業の問題が、『農薬の問題』ではなく、『後継者の問題』だ」という答えが返ってくる。

Q児にとっては納得がいかなかったようで、やっぱり自分としては農薬の問題が大事であると考え、農協を訪ね質問している。ここで、他の校区に無農薬で栽培している人を見つけることになる。

ここには、あくまでも農薬について追究しようとするQ児の姿がある。

F児（六年生）の感想文

次のF児の感想文は、前節1で記載した小学校六年生の社会科「羽柴秀吉と黒田官兵衛の播磨平定（戦国時代）」（平成八年度〔一九九六〕）の学習後の感想である。

黒田官兵衛という人物を調べて

私は、播磨地域の学習に入る前は、黒田官兵衛について興味もなかったし、自分の課題や自分の考えさえもはっきりしませんでした。

私が本気で黒田官兵衛のことを調べだしたのは、「官兵衛が織田方についてから、一度も織田方を裏切っていない」ということを知ってからでした。私はそのことを知った時、「なぜ、この人だけ裏切っていないのだろう。」とすごく不思議でした。そして、このことを自分の課題にすることにしました。

まず、私は、いきなり答えをだそうとしても見つからないと思い、黒田官兵衛という人物についてくわしく調べることにしました。私が一番知りたかったのは、「官兵衛の性格」についてでした。そして、実際に調べてみて、一番印象に残ったのも性格についてです。なぜ、そんなに印象に残ったかというと、とても人に好かれそうな、すばらしい性格だったからです。全く欲がなく冷静であり、部下に対してとてもやさしく、そして何よりも、人を殺すことを好まなかったことです。私は本当にすごい人だと思いました。

そして、もう一つ私の調べたことは、「官兵衛の得意なこと」についてです。官兵衛は、自ら戦うことはあまり得意ではありませんでした。何が得意であったかというと、戦法を考え出すことでした。こういうことから、官兵衛を「智謀家」といわれることも分かりました。

また、官兵衛は、人よりも早く、そして確実な情報を手に入れ、そして、分析する能力も持っているし、相手の心をひきつけるような話し方の技というのも持っていました。私は、相手の心をひきつける話というものを一度聞いてみたいと思いました。

私は、官兵衛のことを調べていくうちに、官兵衛は他の人とちがう何かを持っているんだなあと思いました。こういう人こそ、天下をとればよかったのになと思いました。そして、秀吉が天下をとれたのは、黒田官兵衛がいたからだと思いました。

私は、まだ「黒田官兵衛はなぜ織田方を裏切らなかったのか。」という課題に対して、まだ納得していません。最初は、織田方は鉄砲などを早く取り入れたりしていたから、官兵衛は織田方が勝つと見ぬいていたから、ずっと裏切らなかったのだろうと予想していたけど、その予想は打ち消しました。その訳は、今まで官兵衛の性格を調べてきて、その性格に関わるようなもっともっと深い訳があるのではないかなあと考えたからです。そして、もう一つ気になるのは、その時、官兵衛は自分の住んでいた城の城主の小寺政職までもが織田方を裏切っているのに、一人だけ織田方に残っているということです。

今まで、黒田官兵衛を調べ続けてきてすごくいいことがたくさん分かってきました。そして、官兵衛からいろんなことを学べた様な気がします。私は、まだ自分の課題に対して納得していないけれど、今までに分かったことを生かしながら、まだまだこのことを考え続けていきたいと思っています。今まで、黒田官兵衛のことを調べてきて本当によかったなあと思いました。

□F児の感想文について

当初、黒田官兵衛に興味のなかったF児は、「官兵衛が織田方に付いてから、一度も織田方を裏切っていない」ということを知って、黒田官兵衛に関心を寄せることになる。この時の気持ちを「なぜ、この人だけ、裏切っていないのだろう」と記している。

そこで、調べ始めるが、すぐには分からないので、まずは「官兵衛の性格」と「官兵衛の得意なこと」について調べている。ここで分かってきたことが、「官兵衛が全く欲がなく冷静であり、部下に対してやさしい」ということ、「官兵衛は戦法を考え出すことが得意であった」ということ、また、「官兵衛は、人より早く確実な情報を手に入れ、分析する能力を持っていた」ということ等であった。

当初、F児は、官兵衛が織田方を裏切らなかったのは、「織田方が鉄砲などを早く取り入れていたので、官兵衛は織田方が勝つと見ぬいていたから」と考えていたが、官兵衛の性格を調べていくうちに、「官兵衛が織田方を裏切らなかったのは、官兵衛の性格に関わるようなもっともっと深い訳があるのではないか」と考えるようになる。

もちろん、官兵衛が織田信長を裏切らなかった理由を「官兵衛の情報収集能力と分析能力」から考えることはできるが、F児の考える「官兵衛の性格」からも、官兵衛が信長を裏切らなかった理由として考えることができるように思う。官兵衛が「人を殺すのを嫌っていた」ことから、早く平和な社会が訪れるのを願っていたのかもしれない。F児は、次に示した卒業研究で四つの視点から考えようとしたところも興味深い。

卒業研究

F児の卒業研究の内容

F児は、「官兵衛が織田方を裏切らなかったのは、官兵衛の性格などに関わるような深い訳があるのではないか」と考え、卒業研究では、まず「官兵衛に関わった人」について調べている。その一つ目が「秀吉と官兵衛」、二つ目は「官兵衛と他の軍師」を取り上げ、そして、三つ目は「官兵衛の妻・光(幸圓)」を取り上げている。次に、官兵衛に関わるものとして「キリスト教」を取り上げ、最後に、「官兵衛の生き方」を取り上げ考えている。次にその一部を紹介する。

□「秀吉と官兵衛」の項

ここでは、「秀吉と官兵衛」の性格を二人の関係から調べている。最初に、「二人はあまり物欲がなく、とくに官兵衛は権勢欲もとぼしく、策を楽しむタイプだった」と記し、二人は対立がないばかりか、よく似た、良いコンビであったと綴っている。このことを裏付ける実例として、F児は二つの出来事を取り上げている。

その一つが、次に示す「備中高松城の水攻め」での二人の様子である。

水攻めを考えついたのは二人同時だったが、秀吉の場合はただのヒラメキであって、いわば映画製作のプロデューサーのアイディアだった。そこに官兵衛が計画を立ててくわしく提言した。

参照：『黒田如水』一一二頁より

この書籍での執筆者の指摘をふまえて、F児は、二人の関係が、「秀吉が提案したことを官兵衛が行動に移す」という、とても良いコンビであったことが分かると記している。

二つ目に提示したのが「別府城合戦の功績」での二人のやりとりの様子である。

秀吉が信長から感状と鞍馬一頭があたえられたとき、秀吉は「こたびの働きは官兵衛にある」といって両方とも官兵衛に与えた。すると官兵衛は「こたびの勝利は母里太兵衛の功による」といって鞍馬のほうを太兵衛にあたえた。

参照：『歴史読本』第四一巻一号　一七一頁より

このことから、F児は、二人が「家臣への気配りがあつい」という点でよく似ていると指摘している。

ただ、その後、F児は二人の相違点にも言及している。

秀　吉：「おれは人を殺すのがきらいだ」と言いつつ、たくさんの人を殺している。
官兵衛：官兵衛には、人を殺そうという行動や気持ちが全くなかった。

参照：『歴史読本』第四一巻一号　一七四頁より

この項でのF児の感想は次のようなものであった。

・秀吉はただ考えつくだけでいいけれど、官兵衛はそれを行動に移さないといけないので、そっちの方が大変そうだなと思いました。
・秀吉は「おれは人を殺すのはきらいだ」と言いつつ、たくさんの人を殺しているので少しひきょうだなあと思いました。
・秀吉と官兵衛は性格もよく似ているし、対立もなく、秀吉はよく「官兵衛の提案も取り入れて行動しているので、なんだか秀吉と官兵衛は切っても切れないえんだなあと思いました。そして、お互い信用していたんだろうなあと思いました。だから、もし官兵衛がいなかったら、果たして秀吉は天下を取れていただろうか、と私は思いました。

□「官兵衛と他の軍師」の項

ここでは、秀吉に仕えた三人の武将（竹中半兵衛・細川幽斎・黒田官兵衛）を取り上げ、共通点と相違点について調べている。相違点については特に「欲」という視点から調べている。

［共通点］

一　人柄がよい　二　冷静である

三　必要なときにおどろくほど敏速である

［相違点］

竹中半兵衛：一番欲がない。

細川幽斎　：求めるのはここまでと限界の感覚をきっちり備えている。

黒田官兵衛：時々、欲の限界を踏みこえそうな気配を感じられて警戒されて閉口する。

参照：『戦国軍師たちの戦略』一二三頁より

さらに、「竹中半兵衛と黒田官兵衛」の相違点についても調べている。ここでは、「戦い方の違い」について記している。

半兵衛：自ら武者をひきつれ、部隊長として活躍した。

参照：『黒田如水』一一七頁より

官兵衛：「わたしは槍をにぎり刀をとっての一騎働きは不得手だ」と自分で言っていた。

参照：『歴史読本』第四一巻一号一七一頁より

この項でのF児の感想は次のようなものであった。

・官兵衛は欲がないけれど、竹中半兵衛や細川幽斎と比べると、欲がある方なんだと知ってびっくりしました。
・細川幽斎という人は、欲の限界をきっちり備えているなんて、すごいなあと思いました。
・秀吉は、状況にあわせて二人の軍師に助けてもらったので、本当に助かっただろうなあと思いました。
・竹中半兵衛も一騎働きは不得手なんじゃないのかなと私は予想していたんだけど、部隊長として活躍しているので、すごいなあと思いました。
・官兵衛は、なぜ一騎働きが不得手なのかなと思いました。

□「官兵衛の妻　光《てる》（雅号幸圓《こうえん》）」の項

ここでは妻・光（幸圓）について調べた感想の一部を紹介する。

　「理想に近い女性だったから幸圓ただ一人を愛しんだ。」と書いてあったけれど、理想に近い女性はもっといただろうから、他に側室を置かなかったわけがあるのではないかなあと思いました。

　F児にとっては、「官兵衛が側室を持たなかった理由を、幸圓が理想に近い女性だったから」ということでは納得できなかったようである。「他に側室を置かなかったわけがあるのではないか」と書いているが、F児が考えているような官兵衛の性格に関わるようなもっと深い理由があったのかもしれない。簡単に納得していないところに、F児の学習に対する姿勢がみられ興味深い。

□「官兵衛とキリスト教」の項

高山右近や小西行長との親交から、F児は、次のような感想を書いている。

　官兵衛は、いろんな人と親しかったようなので、人づきあいも上手だったのかなあと思いました。

官兵衛が気性の激しい信長についたり、さまざまな武将と交渉してきたことからすると、F児がいうように、人とのつきあい方が上手だったのかもしれない。官兵衛が魅力的な人物であったと言われる所以であるようにも思う。もちろん、ただ単に、世渡り上手というのではなく、信念に基づいた行動であったように思う。

官兵衛にとって、キリスト教に出会ったことが、彼の人格形成に何らかの影響を与えていることは確かである。

□「官兵衛の生き方」の項

ここでは、「なぜ、官兵衛が天下を取らなかったのか」という視点から追究している。

F児はこのきっかけとして次のように書いている。

ふつう、黒田官兵衛のように実力があれば、だれでも天下を取りたいと思うはずである。だが、官兵衛はいつも秀吉の脇役であった。なぜ、官兵衛はこのような生き方をしたのだろうか。

ここで、F児は、分かったこととして二つのことを調べている。

一つは、「官兵衛が活躍する時期が少し遅かったということ」、二つ目は「秀吉が官兵衛をかなり警戒していたということ」であった。F児は、二つ目を裏付ける事例として、次に示した「九州征伐」の際の様子を取り上げている。

秀吉は九州征伐の時に、かなり活躍した官兵衛に対して働きの割には低い石高しかあたえなかった。これは、官兵衛のような人物が高い石高をもって権力をにぎれば、「鬼に金ぼう」なので、秀吉もそれをおそれてしまったのである。

参照：『黒田如水』六〇頁より

このような理由から、F児は、「官兵衛が天下を取ることが難しかったのであろう」と考える。

ただ、F児はさらに調べていくと、「いつも秀吉の脇役であった官兵衛も、天下を取ろうと考えていたこともあった」ということが分かってくる。これは、秀吉の死後のことであったことから、F児は、

「官兵衛は、秀吉が生きているときから、ずっと天下を取りたいと思っていたのかなあ」と綴り、脇役であった黒田官兵衛の思いに迫ろうとしている。しかしながら、このことの情報については、収集できていない。

最後に、F児は、官兵衛が、織田信長の死後、秀吉に警戒されていたことについて、

「自分の当主に警戒されるということは、とてもつらかったことだろうと思う」と綴っている。

□「黒田官兵衛」を追究して学んだこと

最後に、「黒田官兵衛」を追究して学んだこととして、次のように綴っている。

私は「冷静さ」ということを学びました。私たちは中学生になるので、今よりももっと物事を冷静に見つめ、そして考えていかなければならないんだなあと思いました。

そして、官兵衛の性格の中で、「必要なときに、おどろくほど敏速である」というのがあったけれど、冷静に考えた後は、すばやく行動に移すことも大切なんだなあと思いました。

やはり、F児にとっては、官兵衛の「冷静さ」ということが特に印象に残っているようである。もちろん、どんなことに対しても、「冷静に」対処できる人はすばらしい。何か考えさせられる一言である。

F児のいう「官兵衛の性格」とは、〈冷静さ〉と〈行動力〉なのだろうか。

考え帳

次の文章は、四年生のM児（平成七年度〔一九九五〕）が「考え帳」に書いてきたものである。M児は普通の文体で書いていたが、詩の形式に書き換えている。なお、考え帳は学級の子どもたち全員に持たせ、週に一回程度書かせていた。

□どうやって選ぶんだろう

選　挙

毎日、選挙カーがうるさい
わたしは、選挙にうかったらどんなことをするのかなあと思った。
お母さんに聞いたら、
「町会議員をするんよ。」
と教えてくれた。わたしは
「町会議員って、何の仕事をするん。」
と聞いたら、お母さんが
「ちょっと分からんから、お父さんに聞いて。」

と言ったので、わたしはお父さんにたずねてみた。

お父さんは、

「税金の使い道を考える人のことよ。」

と言った。私は、

「税金って、何?」

と聞いたら、お父さんが、

「税金っていうのは、
もっと住みよいくらしにするために
みんなからもらったお金のことよ。」

と言った。

こんなむつかしいことをする人は、
自分の意見がいえて本音がいえて、
本当に町がすみよくなるように考えられる人が
町会議員に向いていると思った。

でも、ポスターを見ても人がらが書いていないから、だれをえらんだらいいか分からない。
みんな、どうやってえらぶんだろう。

これは、M児が新学期になってまもない頃に書いたものである。家庭では、父母とよく話していることが分かる。子どもの疑問への返答からも父母の温かさが伝わってくる。この「どうやって選ぶんだろう」という疑問については、その後、書いてこなかった。しかし、次の疑問については、自分なりのこだわりを示した。

□なんで、つばめが低く飛んだら雨なの

つばめ

昼ごろ、キャンプ場で
つばめがひくくとんでいたから、
わたしはお母さんに
「お母さん、つばめがひくくとんでるから
雨がふるよ。」

と言った。

夜おそくなって、本当に雨がふってきた。
お母さんが
「○○ちゃんの言っていたこと、当たったね。
なんで、つばめがひくくとんだら雨なの。」
と聞いてきた。わたしは、
「あのね、つばめがひくくとぶのは
えさの虫が気温のかん係でひくくとぶからよ。」
と教えてあげた。
すると、お母さんが
「なんで、気温のかん係で虫がおりてくるん。」
て言った。わたしは
「雨がふる前は、
むしむしするから虫もへんだなって思って
なんでかしらんけど、おりてくるんじゃない。」
て言った。

そうすると、お母さんに、
「そんなちゅうとはんぱな答えを人に教えなさんな。」
て言われた。

わたしも
どうして、虫がおりてくるかしらなかった。
だから、お母さんに答えが言えなかった。
そこで、お母さんといっしょに家にある本で調べた。
だけど、本にはのってなかった。

今度、図書館に行ったら、
「なんで、雨の前になると、
虫がおりてくるのかということをしらべて
かんぺきな答えが言えるようにしたい。」

どんな本でしらべたらいいかなぁ。

これは母親の疑問にM児が答える形になっている。M児が母親に「つばめ」について自分の知っていることを話したことがきっかけとなって、母親がもった疑問である。母親はM児の説明に納得できなかったことから、いくつかの疑問をM児に投げかけている。しかし、M児は母親に十分な説明ができなかったことから、母親より「中途半端な答えだ」という指摘をうける。そこで、母親と一緒に家にある本で調べるが、本には載っていなかった。そういうことから、M児は「どんな本で調べたらいいのかなあ」と考え帳を通して、暗に教師に相談している。

ここで注目したいのは母親の行動である。母親はM児に「中途半端な答えを人に教えるな」といってそれで終わっていないからである。母親の問いかけにより、M児が調べるきっかけになっている。しかも、厳しく指摘して突き放すのではなく、一緒に調べている点である。M児は、この後、夏休みになって、さらに、博物館へ手紙を出して調べている。

次の文章は、博物館から手紙が届いたときのM児の感想である。

八月二十日
人と自然の博物館から返事がきた。もういそがしくて読んでもらえないから、返事がこないんだろうと思っていた。だから、手紙を見た時は、びっくりした。手紙には、きっとそうにちがいないと思うけど、また、それをたしかめた人はいないから、それが事実かどうか分からないと書いていた。一つのことを確かめるためにたくさんのことを調べないといけないことが分かった。むずかしい研究だなあと思った。お父さんに手紙を見せたら、

「きっと、こうだと思っていることと、調べて分かっていることは、ちがうといっているところがとってもいい話だね。」

といってくれた。お母さんは、

「〇〇ちゃん、今はこの手紙のよさが分からんけど、大きくなって読んだら、きっと分かるよ。だから、大事にとっときなさい。」

と教えてくれた。わたしのぎ問はかい決していない。でも、この手紙を書いてくれた人が、つばめの先生や虫の先生に聞いてくれたから、やさしい人だと思った。

来年の自由研究は「つばめ」にしようかな。

M児は博物館からの返事でいろいろなことを学んでいる。まず、「一つのことを確かめるためにたくさんのことを調べないといけないことが分かった」と記しているが、調べていく時の大切さを自分の経験を通して身に付けている。簡単に調べて分かったつもりに

なっているときも多いが、「調べる」とは、たくさんの資料等を調べていく必要があるということを示唆している。また、「こうだと思っていることと、調べて分かっていることは違う」という言葉も、予想や想像ではなく、「事実の重さ」がにじみ出ているように思う。ここに調べることの大切さがある。

なお、当時、M児が「人と自然の博物館」から受け取った手紙と、平成二十七年度、再度、「人と自然の博物館」を訪ね得た返事については、資料（第5章9・10）に掲載する。

第4章

「子どもの疑問」に関する資料

1 「子どもの疑問」に注目する人たち

◉子どもの疑問に対する支援のあり方①——広中平祐

広中平祐は、数学界のノーベル賞といわれるフィールズ賞を受賞した数学者である。彼は、小さい頃、多くの子どもたちと同じように、いろいろな疑問を母親に投げかけている。

「お湯の中では、どうして手が軽くなるの」

「声はどこから、どんな風にして出るの」

「鼻は、なぜ匂いを嗅げるの」

「目はこんなに小さいのに、どうして大きな家や、広い景色が見えるの」

たくさんの疑問を投げかける広中に対して、母親は、子どもの疑問を蔑ろにすることなく、子どもの疑問に耳を傾けている。彼は、著書で、

「母は、いわゆるインテリとは正反対の人である。父同様、学問とはおよそかかわりのない人生を生きてきた母には、私のそんな質問に答えるだけの知識がなかった」

と綴っている。だが、母親には彼の疑問を解決するために、一緒に考え込む心根があった。

母親は、近くの神主さんやお医者さんを訪ねて

「この子が、こんなことをたずねているのだが、ひとつ説明してやって下さい」

と頭を下げ尋ねたと記されている。

普通なら、このような光景は茶番劇だとして大笑いされることであろう。だが、彼の母には信念があった。母親は至って大真面目なのである。母親は、子どもの疑問を解決するために、あらゆる努力を惜しまなかったように感じられる。もちろん、ふつうの親なら、当然ここまでしないだろう。いや、ここまでする母親が果たしてどれほどいるだろうか。広中の母親には、子どもの疑問を大切にしながら、子どもと共に考える姿勢がある。

広中は、「母親が考えることの喜びを身をもって教えてくれた」と話している。

◉子どもの疑問に対する支援のあり方②——井深　大

井深大はソニーの創業者である。彼は著書に、「子どもの〝なぜ〟を無視すると、子どもの好奇心は失われる」と記す。子どもの疑問に対して、「大まじめに答える態度」が大切であると指摘する。このことは、先に示した広中平祐の母親の態度と同様である。

井深は、次のように具体的に説明している。

「電車はなぜ動くのか」

と質問されたとき、たいていの親は、

「電気で動くんだ」

と答える。すると、子どもは、

「なぜ、電気で動くのか」

と追い打ちをかけてくる。親はここで、

「電気で動くものは動くのだ」

と答えて、子どもたちの好奇心をシャットアウトしてしまう。

親は、モーターとか磁力とかいったことまで、親の知っている知識をフル動員して大真面目に答えてやることが大切であると指摘する。

さらに続けて、彼は次のように綴っている。


「こういうと、そんなことを子どもに話しても、理解できるはずがないという反論がきまって返ってきますが、子どもが理解できるかどうかは問題ではないのです。」


井深は、親として精一杯答える態度が大切であると説いているように思う。親も勉強して、できる範囲の説明をしてほしいと願っているのだろうか。

「そんなことを話しても、理解できるはずがないという反論がかえってくるが、子どもが理解できるかどうかは問題ではない」という井深の言葉は一考に値する。時々耳にする『子どもだから』という言葉は禁句である」という一文が思い出される。

◉子どもの疑問に対する支援のあり方③——佐治晴夫

佐治晴夫は、物理学者である。彼はある講演会で、小学校四年生の子どもがもった疑問を次のように紹介している。

小学校四年生の子どもが

「1÷3×3＝1になるはずなのに、1÷3は、0・33333……。3をかけると、0・99999……。『どうして、1にならないの？』」

という疑問をもったそうである。

この子が家に帰ってお母さんに尋ねると、

「お父さん、コンピュータ会社に勤めているから、お父さんにきいたら。」

といわれ、お父さんに聞いたら、

「お父さん、忙しいからね、それね、先生に聞いてみたら？」

といわれたそうである。

そこで、この子は、学校で先生に尋ねている。そこでの先生の返事は、

「みきちゃん、とってもいいことに気がついたわね。でもそれね。中学校に行ったらわかるわよ。だから、今のお勉強を、いっしょうけんめいしてね。」

と話されたということであった。

この小学校四年生の子どもは、その後、原因については書かれていないが、登校拒否になったことが綴られている。このことだけが直接の原因ではないと思うが、この後、この子は、自分の疑問について佐治より教えを請うことになる。

この子にとっては、「分かってもらえない辛さ」があったのだろうか。いろんなことを尋ねても答えてもらえないもどかしさがあったのだろうか。自分の納得のいかないことに対しては、最後まで考えるという心の強さがあったのだろうか。この子は父と一緒に佐治を尋ね、解決している所が興味深い。

さらに、佐治はある講演会で次のようなことを尋ねたことがあると記している。

「例えば、たし算とかけ算がいっしょに入っている演算があるとします。そこで、『どうしてかけ算のほうを先にするの?』と生徒に聞かれたら、先生方は、どのようにお答えになりますでしょうか。」

彼が実施したアンケート結果では、八百六十二人の小学校の先生の中で、満足な回答をくださった方は、たった二人しかいなかったと記している。

実際に、教師は子どもの疑問をどのように支援してあげているのだろうか。佐治が話しているように、結局子どもの疑問を解決してあげられないままになっていることはないのだろうか。広中平祐の母のように、いっしょに考えられているかどうかである。

◉子どもの疑問から自らを見つめる——東井義雄

大変有名な教育者に東井《とうい》義雄という人物がいる。彼は、子どもの質問によって、自らを見つめ直している。

ある日、北村君という子どもから

「先生、ああと大きく口をあけると、のどの奥に見えてくる『ノドチンコ』、あれは、どういうはたらきをしているのですか」

という質問を受ける。東井は、すぐに返答ができず、

「申しわけないが、先生にもわからん、今夜、帰ってから調べてみる。明日まで答えをまってくれよ」

と子どもに告げる。

東井は、子どもの質問を解決するために、学校の図書室で人体に関する本を借りて下宿で調べている。夜半頃に分かったと記し、そのときの様子を次のように綴っている。

「それがわかったとき、私は、頭をぶんなぐられたような気がしました。目が覚め

たような気がしました。『ノドチンコ』のはたらきどころか、ほんとうの名前さえ知らなかった私のことです。」

これが、その時の東井の衝撃的な気持ちである。普通の人なら、このような大きな衝撃は受けなかったことだろう。多くの教師なら「こんなことは大きくなってから学習すればよい」で終わってしまうかもしれない。あるいは、このようなことを小学校の教師が知らなくてもよいと考えるかもしれない。

だが、彼は違っていた。彼は、今までの人生観を一転するほどの衝撃を受ける。彼はこのことがきっかけとなって、自分の生き方を見つめることになる。彼の思いを知る手がかりとして、次の箇所がある。

「お礼をいったことなど、一度もありません。『すみません』と思ったこともありません。その、恩知らずの傲慢な私のために、この世に生まれて、お乳をのみはじめたそのときから、働きずめに働いていてくれた『ノドチンコ』であったのです。『ノドチンコ』と子どもの頃から呼んできたそれのほんとうの名前は、『口蓋垂《こうがいすい》』というのだということもわかりました。『口蓋垂』は、私たちが、食べたものをのみ込むとき、のどの奥の、食べたものを『胃』に送り込む『食道』の道と、鼻から吸った新しい空気を『肺』に送る『気管』の道の岐れ道で、食べたものが『気管』の方へ行かないように、『気管』の入口を蓋する役目をしている、ということがわかったのです。」

この後、東井は、「ノドチンコ」のことからさまざまな器官に目を向けていったことが記されている。彼は、本当に子どもたちに対して傲慢であったのだろうか。この子の質問によって、傲慢に振る舞っていた自分に対して自責の念を感じ、各器官の働きから「生かされている自分」に目を向けるきっかけとなったのだろうか。彼は「ノドチンコ」の質問をきっかけにして自分自身を見つめなおすことになる。

子どもの疑問が、大人を変えていく。大人の生き方を変えていく。このことが重要なのである。子どもの疑問をたわいもないと考える人がいるかもしれないが、子どもの疑問に敏感に反応し、自己を成長させていくことが、どれほど重要であるかを理解してほしい。

大人は、成長しなくてもよいというものではない。大人も子どもと同じように成長していかなければならない。子どもの疑問を真摯に受け止め、自分を見つめ直す態度こそ、教師、いや大人には必要なのではないだろうか。彼は、質問をした子に対して、

「北村君は、傲慢な私を、生き仏さまにであわせてくれた、仏さまのお使いだったのかもしれません。」

と最後に記している。今日、多くの事件が起こっているが、教師や親も、常に、自己を見つめながら成長していく必要がある。決して、子どもの疑問を過小評価してほしくない。

◉子どもの疑問のすばらしさ①——金子みすゞ

金子みすゞは大正時代の童謡詩人である。彼女の詩「こだまでしょうか」は、東日本大震災後、テレビで何度も放映され、知っている方もたくさんおられることだろうと思う。その彼女が「不思議」という詩で次のように綴っている。

不思議

私は不思議でたまらない、
黒い雲からふる雨が、
銀にひかっていることが。

私は不思議でたまらない、
青い桑の葉たべている、

蚕が白くなることが。

私は不思議でたまらない、
たれもいじらぬ夕顔が、
ひとりでぱらりと開くのが。

私は不思議でたまらない、
誰にきいても笑ってて、
あたりまえだ、ということが。

この詩で金子みすゞは、自然の不思議さに関心を示すが、周りはいっこうに関心・疑問をもたないという詩である。最後の「誰にきいても笑ってて、あたりまえだ、ということが」という言葉は、問うこと自体がおかしいと考える大人に対する彼女なりのかすかな抵抗であろうか。

当たり前のことについて、疑問をもつこと自体おかしいと周りはいう。だが、子どもは違う。子どもは周りの不思議に疑問を投げかける。これが子どもの自然の姿である。金子みすゞには、子どもの心に目を向けてほしいという願いがある。大人になると失われてしまう子どもの無邪気さである。子どもの率直さである。彼女の言葉は、次に記したマシューズの言葉につながる。

◉子どもの疑問のすばらしさ②――ガレス・B・マシューズ

マシューズというアメリカの哲学者が『子どもは小さな哲学者』という本を出版している。彼は、本の中で子どもについて次のように綴っている。

「疑問や不条理性にたいして新鮮な目と耳をもっているのは子どもである。子どもはまたその特徴として率直さと自然さをそなえていて、これにはおとなは敵わない。」

子どもの姿を端的に表したこの言葉の中に、子どものすごさを垣間見ることができる。子どもたちは幼い頃よりさまざまな疑問を投げかけてくる。しかし、大人はなかなかその疑問のすばらしさに心を動かされることは少ない。まさに、この言葉は、先ほどの金子みすゞの詩につながる。

さらに、マシューズは次の言葉も記している。

「世の中には、哲学的な疑問にたいして免疫をもっている人たちがいる。そういう人たちにとっては、たぶん、世界について学ぶべきことはたくさんあっても、疑問を感じることは何ひとつないのである。」

何か考えさせられる言葉である。大人は、子どものような新鮮な目で物を見られなくなっている。マシューズの言葉でいえば、子どもには、率直さと自然さがある。社会という湯船につかってしまった大人は、社会を見る目が淀《よど》んでしまっているということになる。そこで、マシューズはさまざまな子どもの疑問を提示しながら、子どもの疑問を考えることの大切さを指摘する。さらに、彼は、「子どもとの対話」のプロローグで、次のように綴っている。

「わたしの第一の目的は、子どもといっしょにじっくりと考えてみる価値のある、しかもたいへん心ひかれる数々の疑問に、おとなの目を向けてもらうことだ。」

率直さと自然さをそなえた子どもの疑問に耳を傾けてほしいというのが、彼の願いである。しかも、彼の願いは、子どもを過小評価することなく、大人と子どもが同じレベルで対話することである。もし、子どもの疑問に耳を傾けなければ、次のような悲しむべき事態になることを憂慮する。

「子どもといっしょにこのゲーム（哲学的対話）をすることをいつでも拒否する親や教師は、自分たち自身の知的生活を貧弱なものにし、子どもとの関係を悪化させ、子どもの中の独立した知的探求心を萎えさせてしまう。」

もう一度立ち止まって熟考してほしい言葉である。これは、今日の私たちに一石を投じる言葉ではないだろうか。

・自分自身の知的生活を貧弱なものにしていないか
・子どもとの関係を悪化させてはいないか
・子どもの中の知的探求心を萎えさせてはいないか

彼は、子どもの質問の重要性について、ロバート・スパーマンの言葉を踏まえて、さらに次のように綴っている。

「どの社会にも、幼稚で単純な（そして、幼稚ゆえにむずかしい）質問を発し、社会の成員に、かれらが考えもせずに当然のことと思い込んでいたものを再検討させる、裸足《はだし》のソクラテスが必要なのである。」

率直さと自然さ故に発する子どもの言葉に重みがあるということを忘れてはならない。

◉疑問の重要性①（疑問は進歩の母）――木下竹次

木下竹次は、大正時代の教育者である。奈良女子高等師範学校附属小学校の主事をし、児童中心の教育を進めてきた。彼は、学習原論に「疑問」の大切さを次のように記している。

「科学は疑惑より始まると古人もいうている。じつに推考は疑に始まって断に終わる作用である。疑あって断ずることあたわざれば苦しい。避苦就楽は人情である。ここに疑と断とを重ねて科学を構成する。哲学も道徳もまた疑問を母として発展する。社会万般の改良も人生の創造もみな疑問から始まってくる。疑の正反対は信であるけれどもその実疑は信に入るの門で昔から大疑の大悟ありといわれている。自己建設の学習も疑問をもって出発点とする。学習者は疑問を持って学習を閉じる。学習のさい優秀なる疑問を起こすことのできたものはすでに大半成功しているものである。学習者は学校にでるとき家庭に帰るときもつねに新しい疑問をもっていく。かれらは疑問と常住することを必要とする。つねに疑問にとらわれて心痛し、あるいは懐疑的となって安心できないのは疑問の処理が不十分なためである。その疑問を適宜に処理して生活価値を見出すことができる。」

さらに、続けて疑問について次のように綴っている。

「平凡は疑問でも普通の人には容易に起こらない。思想の発達した人でないと平凡な疑問でもたくさんは起こらない。まして優秀な疑問は容易に起こるものでない。たまたま優秀な疑問に思い当った人は人並以上の仕事ができるわけである。平素研究的の態度をもって自ら求めてやまぬ人だけがたくさんの疑問をもつことができる。相当に思想の発達した人でも研究に緊張したときでないと疑問は起こらない。」

木下竹次は、常に「疑問をもつ」ことの重要性を説いている。

・哲学も道徳もまた疑問を母として発展する。
・社会万般の改良も人生の創造もみな疑問から始まってくる。
・自己建設の学習も疑問をもって出発点とする。
・学習者は、疑問を持って学習を閉じる。

と綴る。だが、続けて、彼は、「疑問は、容易に起こらない」と指摘する。彼は、「平素研究的の態度をもって自ら求めてやまぬ人だけがたくさんの疑問をもつことができる」と記す。

そこで、さらに疑問について、次のように綴る。

質疑も始めは思いつきのきわめて浅薄な断片的部分的のものが多い。愚問駄問の頻発は聞くものをして頭痛を起こさせることがある。しかしこれが他日立派な質疑を起こす基であるから決してこれを抑圧してはならぬ。またこのようなばあいではその発表形式も粗雑下品で不快の感に陥ることがあるけれどもいくたの欠陥を寛恕してひたすら質疑を各学習者からたくさん無邪気にだすように工夫せねばならぬ。なにごとも質疑がたくさんでるようになってからの工夫である。

彼は、愚問や駄問であってもよいと説く。これが、立派な質疑を起こす基であるから決して抑圧してはならないと説く。学習者から、ひたすらたくさんの質疑がおこるように工夫する必要があると指摘する。

学校でも家庭でも、子どもの疑問に耳を傾けているだろうか。

◉疑問の重要性②（学問は疑問から出発する）――柳田國男

日本民俗学の開拓者である柳田國男は、戦後間もなく、成城学園での談話で、「質問の重視」ということで、次のように話している。

「もっと具体的に言うと、質問が生徒から出ぬようではだめだ。どんどん生徒から質問が出て先生はそれに答える。先生が受身になるようにする方法はないものかと考えるのです。」

柳田はこれまでの教育を顧みて、これからの新しい教育という立場から提言している。このことの背景には、アメリカの教育から学んでいることもあるが、基本的には、「学問は疑問から出発する」という彼の根本理念にある。柳田は「現代科学といふこと」で次のように綴っている。

「疑問から学問は出発しなければならぬといふこと、先づ疑って見て後に知れといふことは、私たちの仲間では言ひふるした言葉である。」

この言葉からも分かるように、学問は疑問を土台にして成り立つものであるという思いが彼にある。さらに、柳田は、次のように綴っている。

「我々は率直にわからぬことをわからぬと謂ひ、又子供のやうな心を以て疑はしい事を問ひ尋ね、又答へてもらはうとすればよいのである。」

彼は、これまでの教育に対して、「自発的の知識欲に対する、ほんとうのものでなかったのではないかと思う」と述べている。

◉質問の重要性——道元禅師

『正法眼蔵随聞記《しょうぼうげんぞうずいもんき》一』に次のような言葉がある。

学道《がくどう》の人　参師聞法《さんしもんぼう》の時
能々《よくよく》窮《きわ》めて聞き
重ねて聞いて決定《けつじょう》すべし
問うべきを問わず
言うべきを言わずして過ごしなば
我が損なるべし

師は必ず弟子の問うを待って
発言《ほつごん》するなり
心得《こころえ》たる事をも
幾度《いくたび》も問うて決定すべきなり
師も弟子に能々心得たるかと問うて
云い聞かすべきなり

（注）決定：疑いないこと

この言葉は、教育者で僧侶でもある無着成恭がＮＨＫＥテレ大阪（平成二十七年十二月十三日）での「こころの時代　シリーズ　私の戦後七〇年『仏性を見いだし　人を育てる』」で取り上げていたものである。無着成恭は、この言葉の意味として、アナウンサーとのやり取りで次のように説明している。

・何遍も何遍も聞き直して、よ～く納得するまで聞き直しなさいと、
・「質問したいのに、分かんないのに質問しないのは」「言うべきことがあるのに、言わない」で過ごしたならば、自分自身が損をする。
・先生が先に、こうだと言うんじゃないよ。

・弟子が質問しなければ教えてあげないよ。だから、生徒の方が疑問をもって、こうではないか、あうではないか、質問しなければ本当のことが見えてこないよ。だって、「お前の何が分かってて、何が分かっていないのか」が分かっていないぞ。教師は。

無着成恭が影響を受けた言葉として紹介していたが、この道元の言葉も、「質問の大切さ」を伝えている。最後の言葉も興味深い。

・心得たる事をも　幾度も問うて決定すべきなり

という言葉である。

「分かっていることでも、何度も質問して、さらに分かるようにするべきである」と説いている。簡単に分かったつもりになっていることも多いが、「さまざまなことがそんなに簡単に分かるものではない」と説いているようにも聞こえてくる。さらには、「分からないところを探し出せ！」とでも言っているようにも聞こえてくる。

最後に、

・師も弟子に能々心得たるかと問うて　云い聞かすべきなり
と述べているが、「本当に分かったのか」と尋ねて、「分からなければ、さらに質問しないといけない」と教えているように思う。それだけ、質問の重要性があることを示唆しているのであろう。

2 「子どもの疑問」から生まれたお話等

◉お話「サンタクロースっているんでしょうか」

この本は多くの国で訳され、ロングセラーになっているお話である。八歳の女の子が友だちから「サンタクロースなんかいない」ということを聞き、「それは本当か」ということが発端となって生まれたものである。内容は、彼女が自分の疑問を新聞社に問い合わせ、新聞社が彼女の疑問に答える形になっている。新聞社はこの少女に対する返事で、冒頭、次のように綴っている。

「ニューヨーク・サンしんぶんしゃに、このたび、つぎのような手紙がとどきました。さっそく、社説でとりあげて、おへんじしたいとおもいます。

この手紙のさしだし人が、こんなにたいせつなしつもんをするほど、わたしたちを信頼してくださったことを、記者いちどう、たいへんうれしくおもっております。」

この内容から分かるように、子どもの質問を実に丁重に誠意を持って返答している。サン新聞社は、この少女の質問に対して、次のように答えている。

「この世界でいちばんたしかなこと、それは、子どもの目にも、おとなの目にも、みえないものなのですから。……この世の中にあるみえないもの、みることができないものが、なにからなにまで、人があたまのなかでつくりだし、そうぞうしたものだなどということは、けっしてないのです。」

サン新聞社の少女に対する返事は、含蓄のある言葉でつまっている。

大変有名で、ロングセラーになっている『星の王子様』という本がある。その中にも、次のような箇所がある。

「さっきの秘密をいおうかね。なに、なんでもないことだよ。心で見なくちゃ、ものごとはよく見えないってことさ。かんじんなことは、目に見えないんだよ。」

小さな子どもの発した言葉が、「真実とは何か」という根本概念までつながっているように思う。人間が生きていく上で、何が大事かという視点につながっているように思う。

「たしかなこと、かんじんなことは、目に見えない」

子どもの疑問の中には大切な要素が含まれている。

◉伝記「エジソン」

発明王と言われるエジソンの子ども時代の様子は、大変有名である。彼は、小学校時代、事あるごとに「なぜ?」を連発していたといわれる。

算数の授業中には「1+1=2」と教えられても鵜呑みにすることができず、「一個の粘土と一個の粘土を合わせたら、大きな一個の粘土なのに、なぜ二個なの?」と質問したり、国語の授業中には、「A（エー）はどうしてP（ピー）と呼ばないの?」と質問したりと、担任の教師を困らせている。その後も、さまざまな問題を引き起こしている。

その結果、エジソンは学校を中退することになる。いや、エジソンは中退させられたようである。その後は、母親に教わって育ったと書かれている。

もちろん、エジソンは難しい子どもであったのかもしれない。だが、どの学校でも、このような子はいる。もし、このような子の疑問を切り捨て、このような子を「変人扱い」するようならば、この子の掛け替えのない能力が失われてしまうことになる。時には、賢い子が横にそれてしまうケースがあることを十分に認識しておく必要がある。

◉テレビ番組「サイって、なんて鳴くん」

これは、母親がテレビ局へ子どもの質問を依頼したケースである。番組名はＡＢＣ朝日放送「探偵！ナイトスクープ」、放送日は二〇一〇年三月五日、探偵さんの名前は、「カンニング竹山」である。

母親の依頼文とインタビュー等から整理すると次のようになる。

〔子どもの疑問：三歳の息子〕

・「ママ、サイってなんて鳴くん」

〔母親の依頼内容〕

・息子のためにサイの鳴き声を聞かせてほしい。

・牛は「モウ」、ライオンは「ガオ」のようなサイの定番の鳴き声を教えてほしい。

〔息子の状況〕

・探偵さんが「どうして、サイが好きなの」と尋ねると、息子は「葉っぱを食べるから～」と答えていた。

・動物が大好きで動物図鑑をよく見ている。
・サイの種類については、完璧に見分けがついている。理由も付け加え発言していた。
〈シロサイ・インドサイ・スマトラサイ・ジャワサイ・クロサイ〉
・今、サメにも興味をもっている。
（母親の言葉：今、サメのブームもきている）

〔依頼するまでの母親の活動〕
・何度も動物園に行って、サイが鳴くのかを確かめたが、聞いたことがない。
・テレビで動物番組があると注意して見ているが、全然サイは鳴いていない。
・知り合いの獣医さんに「サイの鳴き声」について尋ねている。
「シュニーン」と鳴くと聞いたが、母親自身は納得できなかった。

〔探偵さんが獣医さんにサイの鳴き声について確認する〕
・探偵さんが、「（サイの鳴き声を）聞いたことがあるのですか」と尋ねると、獣医さんは「ごめんなさい。実は聞いたことはないんですけども……」と答える。
・「どうして、サイが『シュニーン』と鳴くと分かったのか」と尋ねると、「誰に聞いたか、いつ頃聞いたか、それさえも確かではないんです」と答えている。
・さらに、探偵さんが「そもそもサイは鳴くんでしょうか」と尋ねると、獣医さんからは「どうなんでしょうね」という返事であった。

（このことより、サイの鳴き声については、はっきりしたことが分かっていないという結論に達する）

〔探偵さんの予想〕

・サイは鳴かないのではないか。今までサイの鳴き声を聞いたことがない。

〔母親と息子は番組の探偵さんと一緒に動物園を見学する〕

・最初の動物園（神戸市立王子動物園）で、サイの鳴き声を尋ねたが、飼育員の方も分からなかった。そこで、飼育員の方が、他の動物園に電話をかけて、サイの鳴き声について尋ねている。その結果、サイの鳴き声の聞ける動物園（広島市安佐動物公園）があることが分かった。

・探偵さんと母親と息子の三人は、サイが鳴く動物園に行ってサイの鳴き声を実際に聞くことになる。そして、聞いた結果、サイは「シュニーン」と鳴くという結論に達した。

母親の行動を振り返ってみると、息子からの質問に答えることができず、母親はいろいろな方法で実際に調べている。知り合いの獣医さんに尋ねると、獣医さんから「シュニーン」と鳴くことを教えてもらうが、母親自身が納得できず、さらに調べることになる。そこで、テレビ局に相談したというのが実のところであるようだ。

ここで、注目したいのは母親も子どもと同じように追求する姿が見られるということである。普通なら獣医さんに尋ねて分かった段階で、納得してしまうことが多いように思う。だが、ここでは、母親が獣医さんの言葉に納得できなくて、母親も追求している。

この結果、最初に行った動物園で飼育員の方もサイの鳴き声を知らないということが分かってくる。そしてさらに、調べた結果、サイの鳴き声の聞ける動物園があると分かった。ついに、息子と母親、そして探偵さんはサイの鳴き声を聞くことができたのである。もちろん、母親が直接動物園に行って飼育員の方に尋ねることはできたかもしれない。だが、いろいろ試行錯誤しながら、この問題を解決している。まさに、これが母親と子どもの問題解決である。

実際、この息子の疑問によって、サイの鳴き声を初めて知った人も多いと思う。飼育員の人でさえも知らなかったからである。この息子は、今、サメにも興味をもっているそうであるが、いろいろなものに関心をもって活動しているところが興味深い。

第5章

「学校での子どもたちの疑問」に関する資料

1 恐竜

□地球史年表

・二億五千万年前　爬虫類から進化した恐竜の出現

・六五五〇万年前　生物の大量絶滅（白亜紀末）。この頃、恐竜が絶滅。

〈ウィキペディア　フリー百科事典〉

2 両生類と爬虫類

□両生類

体表は鱗、毛などでおおわれず、乾燥を防ぐため一般に多くの粘液腺をもつ。幼生時代は水生で鰓呼吸をするが、成熟すると変態し、例外的なもの以外は四肢を生じ、陸上生活者として肺呼吸をするようになる。しかし、一般に水辺を離れての生活は困難である。

〈ブリタニカ国際大百科事典〉

□爬虫類

石炭紀に現れ、中生代に繁栄した動物群で、進化の系統では、↓「両生類」と↓「鳥類」↓『哺乳類』の中間に位置する。皮膚を保護する鱗をもち、陸上に卵を産むことで、地上のほとんどの場所で活動できるようになり、形態は多様化した。

〈ブリタニカ国際大百科事典〉

□冬眠

①動物が活動力を極度に低くした状態で越冬する現象をいい、温帯およびそれより寒い地方でみられる。

②変温動物であるハエ、カ、チョウ、オサムシなどの昆虫類、カエル、イモリなどの両生類、カメ、ヘビ、トカゲなどの爬虫類などは、地中、水底、屋根裏、木のほら穴、枯れ葉下など温度のあまり下がらないところにひそみ冬眠する。

③定温動物でも、哺乳類のヤマネ、コウモリなどは木や岩のほら穴で冬眠し、環境温度の低下とともに体温は下降するが、一定体温以下には下がらないよう体温調節を行う。またクマ類は秋季皮下脂肪をたくわえ、適当なほら穴に入り越冬するが、非活動的で体温はあまり低下せず、いつでも活動できる状態で眠り、冬眠とはいえない。雌は穴ごもり中に出産、育児を行う。鳥類ではただ一種プアウィル（ヨタカ科）の冬眠する

ことが知られている。

〈ブリタニカ国際大百科事典〉

3 日本のロケットの歴史

□固体燃料ロケット

①L－4S　一九七〇年、五度目にして、日本初の人工衛星「おおすみ」の打ち上げに成功する。

②M－4S　一九七一年、二号機の打ち上げで成功し、人工衛星「たんせい」を地球周回軌道に乗せる。

③M－3SⅡ　一九八五年、世界で初めてとなる全段固体ロケットによる人工衛星「さきがけ」を誕生させる。

④J－1　一九九五年、最終打ち上げを行う。

一九九六年、試験一号機の打ち上げに成功する。小型衛星打ち上げの需要に応えるために計画された三段式固体ロケットである。

二〇〇一年、宇宙開発委員会の宇宙開発計画見直しに伴い、開発凍結となる。

⑤M－V　一九九七年、人工衛星（はるか）の打ち上げに成功する。人工衛星や惑星探査機打ち上げ用の三段式の全段固体燃料ロケットである。

二〇〇六年、糸川英夫博士のペンシルロケットに起源をもつ、完全国産固体燃料ロケットであるミューシリーズの最終機種になる。

□液体燃料ロケット

一九七〇年、液体燃料ロケットの開発がスタートする。

①N－I　一九七七年、世界で三番目となる日本初の静止衛星「きく二号」の打ち上げに成功する。日本で最初の実用衛星打ち上げ用液体大型ロケットである。

②N－II　一九八一年、技術試験衛星（きく三号）を搭載した第一号機の打ち上げに成功する。一九八七年まで合計八機すべて打ち上げに成功している。

③H－I　一九八六年、第一号機の打ち上げに成功する。その後は、一九九二年まで合計九機を打ち上げ、すべてが成功している。

④H－II　一九九四年、第一号機の打ち上げに成功する。このロケットは、初めて主要技術のすべてが国内開発されたものである。

〈「宇宙ロケットのしくみ」と「もっと知りたい！ロケットの歴史と未来」と「ウィキペディア　フリー百科事典」より作成〉

4　カラス

□食性

雑食性で生ゴミや動物の死骸をついばんでいるところがよく目撃される。都市部では、食物を得るために、ごみ集積所を荒らすという行動や、農耕地では農作物を食害するという行動が問題となっている。その他にも、昆虫類、小動物（小型哺乳類、鳥類の卵や雛、爬虫類、両生類、ザリガニなど多数）、果実、種子、動物の糞なども食べる。

〈ウィキペディア　フリー百科事典〉

5　黒田官兵衛（「仏教とキリスト教」に関係すること）

・一五四六年（天文十五）一歳

官兵衛が生まれる。

・一五五二年（天文二十一）七歳

この頃から浄土宗の僧・円満について学問を学ぶ。

・一五六五年（永禄八）二十歳

この頃、堺の町や京の町でキリスト教に出会ったのではないかと推測されている。

・一五七五年（天正三）三十歳

織田信長に帰属することを決め、岐阜に使いする。

・一五八三年（天正十一）三十八歳

この頃、キリスト教に帰依する。

・一五八七年（天正十五）四十二歳

秀吉、伴天連追放令を発布する。

・一五九三年（文禄二）四十八歳

朝鮮より許可なく帰国し、秀吉の勘気をこうむる。難を避けるため、剃髪して如水円清と号し謹慎する。

〈『黒田如水のすべて』の年表と『天を想う生涯』より作成〉

6 心白

酒造好適米の中心部が白く不透明に見える状態またその部分をいい、心白のある米のことを心白米と呼びます。心白は、すき間が多いために、麹菌《こうじきん》が繁殖して良質の麹が造りやすい特徴があり、醪《もろみ》に仕込んだ蒸米の溶け具合をコントロールしやすい長所を有しています。

〈宇都宮酒造株式会社　日本酒豆事典〉

7 胚芽

植物の胚。種子の内部のやがて生長して芽になる部分のこと。一般には、特に玄米についている胚をいう。精米の際に玄米から糠層のみを取り去って、胚芽が残るように精白した米を胚芽米という。

〈ウィキペディア　フリー百科事典〉

8　セーフガード

平成十三年七月一日の神戸新聞の記事を掲載する。

セーフガード〈相手国にも言い分　乱発は考えもの〉

セーフガードって知ってますか。外国から輸入する農産物や工業品を入りづらくすることです。日本語では緊急《きんきゅう》輸入制限といいます。例えば海の波による浸食《しんしょく》をおさえるために海岸に高い堤防《ていぼう》を造るよね。それと似ていて、外国産の安い野菜なんかが大量に日本に流れ込んで日本の農家が困っているため始めた方法なんだ。

日本は、外国からたくさん物を輸入しています。例えばみんなが食べている物では日本産はたったの四割で、残りの六割は外国からの輸入にたよっています。外国では広い土地にたくさん作物が作れる上に、特にアジアの国々では働く人の給料が日本よりだいぶ低いため農産物の値段がすごく安いんです。

安い外国産の野菜が入ると、市場での日本の野菜の値段も下がってしまいがち。農家の収入はここ数年だいぶ下がっていて経営が大変です。そのため政府は、ネギと生シイタケ、イグサで作るたたみ表という三品目にセーフガードをかけることにしました。

輸入量が一定以上になると、自動的に輸入品にかける税金が上がって輸入に歯止めをかける仕組み。

三品目はほとんどが中国産。だから中国は「何でそんなことするんだ」と怒り、仕返しに「日本から輸入している自動車などに高い関税をかけるぞ」と言っています。安くて良いものを日本に送ってあげて消費者も喜んでるのにと。それに中国で野菜を作るようになったのは、日本の商社が作り方などを指導して活発になった事情もあります。

日本ではウナギやワカメの産地でもセーフガードを求める声があるほか、タオルなどの工業品でもうったえています。ただ、日本は戦後、関税を下げようと努力する自由貿易推進の中で経済発展できた歴史があるので、セーフガード乱発はよくないと言う人もたくさんいます。

9 「人と自然の博物館」からの返事

○○○○○様

お手紙拝見しました。本には、「天気の悪い日にはえさの虫が低く飛ぶからツバメが低く飛ぶのだ」と書いてあったそうですね。私も低く飛ぶツバメが、えさをとっているようすをみたことがあるので、きっとそうにちがいないと思います。

ただし、「きっとそうにちがいない」ということと、「それは事実として確かめられている」ということは同じではありません。私自身もツバメの研究をしているわけではないので、知り合いのツバメの研究者に電話で問い合わせてみました。その研究者の答えはつぎのようなものでした。

・きっとそうにちがいないと自分も思っている。

・しかし、そうであることを確かめた研究はまだないので、自分が今からその研究をしようと思っているところである。

「確かめた研究がない」ということをわかりやすく説明しますと、まず、確かめるべきことは、

①天気によってツバメがえさをとる高さがちがうのは本当か?

②天気の悪い日にツバメが低いところでえさをとるのは、えさとなる虫が低いところにいるからか?

の二つにわけて考えられます。

①については、天気の悪い日にツバメが低く飛んでえさをとっているのを見た人

（あなたもその一人です）はいますが、天気の良い日に高いところばかりを飛んでいて、低いところではえさをとらないことを確かめたひとはいません（高いところはみえにくいこと、また、低く飛んでいないことを確かめるのがむずかしいことなどが、その原因です）。

①が本当だとしても、②について明らかにしようとすると、天気のよい日には高いところを飛んでいる虫が、天気の悪い日には低いところを飛んでいることを明らかにしないといけません。もしかしたら、天気がよかろうが、悪かろうが、虫はいつも高いところから低いところまでいるのに、ツバメがまったく別の理由で（たとえば、天気の悪い日に高いところを飛んでいると、体力をしょうもうするといったことがあるかもしれない）天気によって飛ぶ高さを変えているだけなのかもしれないからです。虫が高いところを飛んでいるのか、低いところを飛んでいるのかを知るには、それぞれの高さにいる虫の数をおおまかにでも数えないといけません。空中を飛んでいる虫の数を数えることがなかなか大変なことに違いないのは想像できるでしょう。実際に、虫の研究者にツバメのえさになる昆虫が天気の悪い日には低く飛ぶというのは事実かときいたら、そんな研究はいままでないとのことでした。

それから、ツバメのえさはかならずしも害虫とはかぎりません。ヒナを育てるときは、トンボなどの大きな虫（トンボはいわゆる益虫です）もヒナに運びます。

生物のことでわからないことは山ほどあります。だから、私たち生物学者はテーマに困らないのです。わかってもらえたでしょうか。

一九九五年八月十八日

兵庫県立人と自然の博物館　生態研究部　江崎保男

10 なぜ、ツバメが低く飛ぶと雨が降るのか

ツバメの餌は、空を飛ぶ小さな虫です。雨が近づくと空気が湿っぽくなり、空気中の湿気や水分は虫の羽にくっつき、虫の体を重くします。このため、虫は高く飛ぶことができなくなり、それを追ったツバメも低く飛ぶことになります。「ツバメが低く飛ぶと雨が降る」という言い伝えは、昆虫を追って低く飛ぶツバメの姿から生まれたそうです。

他にも諸説あります。例えば、雨が近づき気温が下がると熱上昇気流がなくなり、虫やツバメは高く飛べなくなるという説や、雨が近づいて湿度が上がると、虫は地上の近くで活発に活動するという説などです。では、どの説が正しいのでしょうか。

実は、科学的に証明された説は一つもありません。興味を持った人は、是非、研究してみて下さい。きっと、正解が見つかるはずです。

平成二十七年八月

兵庫県立人と自然の博物館　自然・環境マネジメント研究部　布野隆之

あとがき

本書は、「子どもの疑問」を大切にすることによって、子どもたちに「考える力」「探究心」そして「学習意欲」等を培ってほしいと願い書き著したものである。もちろん、いつの時代であっても、当然のことながら、これらの「態度」「能力」は必要とされるものである。自らに目を向けながら、自らが進んで考え、自らの課題を持ち学び続けてほしいというものである。

だが、今日のグローバル化されていく世の中にあって、なおさら、この願いを強くする。平成二十七年度の非正規雇用が全体の約四割にも及んでいる。これまでの終身雇用が終わりを告げ、一つの会社にとどまることなく、いくつかの会社で働くという雇用形態に移っている。裏返して言えば、特定の組織を除いて、いつでも解雇される時代になっているともいえる。また、国際化の荒波の中で、日本人だけではなく、さまざまな国の人と共に働く時代になっている。企業間の競争も激しく、すぐに成果が求められている状況である。

このような時代にあって、自分を見失うことなく歩んでいくためにも、粘り強く考え行動していく力が必要とされる。自分で自分の道を切り開いていく力が必要とされる。だからこそなおさら、子どもたちに「考える力」を身に付けさせてほしい。「探究心」を身に付けさせてほしい。「対話する力」を身に付けさせてほしい。しっかり地に足を着けて歩んでいくためにも、じっくり物事を考え行動する力が必要である。どんな人であっても、必ずさまざまな苦難に遭遇する。その苦難に逃げることなく、その問題に向かい合い、解決し乗り越えてほしい。

本来、自分の疑問を解決することは楽しいはずである。自分にとって、新たな発見があるからである。もちろん、なかなか解決できないこともある。だが、解決できないと思っていたことが解決できたときには、倍以上の喜びになる。だからこそ、粘り強く努力してほしい。個々が持っている良さを発揮するためにも、探究心を持って歩んでほしい。

ノーベル化学賞の受賞者である白川英樹の教育論を最後に記しておきたい。

「家で子どもがよく他愛もないことを質問しますが、それを親が面倒臭がったり、いい加減に答えたりすると、モノに対する興味が失われていきます。逆に好奇心を持たせるように無理強いしている親もいますがそれもマイナス。家事や仕事で大変でしょうけど家庭での教育が大切なんですよ。」

多くの人が「子どもの疑問」の大切さを語っている。もっと、多くの教師や親が子どもの疑問に耳をかけ向けてくれることを願う。

その際に、本書がその一助になって何らかの役に立つことができれば、この上ない幸せである。子どもたちの学校生活や家庭生活がより充実したものになることを心より願っている。私自身、教員時代に多くの子どもたちに出会ってきた。精一杯努力してきたつもりであるが、まだまだ足りないことばかりである。子どもたちと一緒にいるときが、本当に楽しい思い出として心に残っている。出会った子どもたちすべてに感謝する。

なお、本書を出版するに際して多くの方々に支援していただきました。M児の疑問に対する解答をお願いし、快く引き受けて下さった布野隆之先生を始め、M児への返事を本書に掲載することを快諾して下さった江崎保男先生（現在、兵庫県立大学教授）に心よりお礼を申し上げます。また、陰から多くの支援や励ましの言葉をかけてくれた元同僚、友人に対して心より感謝申し上げます。さらに、出版に際しては、さまざまな面で多大なる労を執って下さった丸善雄松堂株式会社の大和田雅子様をはじめ、丸善プラネット株式会社の小西孝幸様、岩野博子様、野邊真実様、そして、陰からいろいろお世話下さった関係者の方々に心よりお礼を申し上げます。

最後になりましたが、北海道大学の守屋淳先生には助言をお願いし、問題点を指摘していただきました。この場を借りて、改めて衷心より感謝申し上げます。

平成二十八年一月吉日

参考文献

チャーチ、フランシス・P、中村妙子『サンタクロースっているんでしょうか?』偕成社

サン=テグジュペリ『星の王子さま』岩波書店

広中平祐『生きること学ぶこと』集英社

井深　大『0歳からの母親作戦』サンマーク出版

マシューズ、ガレス・B『子どもは小さな哲学者』新思索社

木下竹次『学習原論』明治図書

「エジソン」〔ウィキペディア　フリー百科事典〕

東井義雄『大いなる願いの中の私』宣協社

佐治晴夫『星へのプレリュード』第4章「数」の彼方に見えるもの、MOKU出版

金子みすゞ『金子みすゞ童謡全集』JULA出版局

「名古屋で科学が動いてた」益川敏英インタビュー、朝日新聞大阪、二〇〇九年三月十六日付

松原元一『数学的な見方考え方　子どもはどのように考えるか』国土社

中島孝志『「この人はできる!」と言われる巧みな質問力』三笠書房

谷原　誠『図解するどい「質問力」!』三笠書房

北川達夫『図解　フィンランド・メソッド入門』経済界

『「大学生、もっと勉強を」―「主体性」育成を目指す―』日本経済新聞、二〇一二年三月二十七日朝刊

『平成二十五年版　文部科学白書』

柳田國男『柳田國男全集』第三十一巻「現代科学といふこと」筑摩書房
柳田國男『小学校社会科教科書　日本の社会十七―社会科の新構想―』成城教育研究所
中井久夫『日米の問う文化「バカげた質問」ない米国』神戸新聞二〇〇一年六月十三日付
佐々木倫子・川口良『話し方の教育／書き方の教育』アルク
長野伸江『もっと知りたい！　ロケットの歴史と未来』理論社
的川泰宣『宇宙ロケットのしくみ』誠文堂新光社
守屋淳他編著『子どもを学びの主体として育てる』ぎょうせい
『一生使える〝算数力〟は親が教えなさい』マルコ社
『黒田如水　歴史群像シリーズ』学習研究社
『自殺対策白書』平成26年版、内閣府
『第二回子ども生活実態基本調査報告書』二〇〇九、ベネッセ教育総合研究所
小和田哲男『黒田官兵衛　智謀の戦国軍師』平凡社
小和田哲男『黒田如水―臣下百姓の罰恐るべし―』ミネルヴァ書房
安藤英男編『黒田如水のすべて』新人物往来社
守部喜雅『天を想う生涯』いのちのことば社
『自然派おじさんの老後は激変』Asahi Shimbun Weekly AERA、二〇〇〇年十月二十三日
『日本語新辞典』小学館
ウィキペディア　フリー百科事典
『ブリタニカ国際大百科事典』ブリタニカ

池田魯参『現代語訳　正法眼蔵随聞記』大蔵出版

著者紹介

大前　孝夫（おおまえ・たかお）
1952 年　兵庫県明石市生まれ。
2008 年　兵庫県加東市小学校教員を退職する。
著書に『拝啓　植村直己様』（2003年、神戸新聞総合出版センター）。

子どもの疑問を大切に
考える力・探究心・対話する力を培う

二〇一六年七月三十日　発　行

著作者　大　前　孝　夫

発行所　丸善プラネット株式会社
〒一〇一-〇〇五一
東京都千代田区神田神保町二－一七
電話 〇三-三五一二-八五一六
http://planet.maruzen.co.jp/

発売所　丸善出版株式会社
〒一〇一-〇〇五一
東京都千代田区神田神保町二－一七
電話 〇三-三五一二-三二五六
http://pub.maruzen.co.jp/

組版　月明組版
印刷・製本　大日本印刷株式会社
ISBN 978-4-86345-298-5 C0037